Automobile Clay Modeling

第2版

汽车油泥模造型

徐宝成 著

机械工业出版社
CHINA MACHINE PRESS

本书结合了国内几大汽车设计研究院的设计理念，及国内各大院校的课程设置，以图文结合的形式，将汽车油泥模型制作理论、方法以及技巧等展现出来。书中使用了大量的油泥模型制作过程图片，让读者对油泥模型制作的程序和细节有更直观、更形象的了解和学习，加深理解油泥模型在工业设计中所担当的角色及重要性，并且简要讲解了造型室的设备、工具、材料。

本书图文并茂、语言简洁易懂，使枯燥的汽车造型设计变得生动灵活。本书可作为汽车设计工程师和造型师的学习用书，也可作为大、专院校相关专业的教材。

图书在版编目（CIP）数据

汽车油泥模造型 / 徐宝成著 . —2 版 . —北京：机械工业出版社，2016.5（2022.1重印）
ISBN 978-7-111-53571-3

Ⅰ . ①汽…　Ⅱ . ①徐…　Ⅲ . ①汽车 – 模型 – 设计　Ⅳ . ① U46

中国版本图书馆 CIP 数据核字（2016）第 080319 号

机械工业出版社（北京市百万庄大街 22 号　邮政编码 100037）
策划编辑：连景岩　杜凡如　责任编辑：连景岩　杜凡如
责任校对：张玉琴　封面设计：张　静
责任印制：单爱军
北京虎彩文化传播有限公司印刷
2022 年 1 月第 2 版第 2 次印刷
169mm × 239mm · 8.75 印张 · 176 千字
3 001—3 500册
标准书号：ISBN 978-7-111-53571-3
定价：69.00元

凡购本书，如有缺页、倒页、脱页，由本社发行部调换
电话服务　网络服务
服务咨询热线：010-88361066　机 工 官 网：www.cmpbook.com
读者购书热线：010-68326294　机 工 官 博：weibo.com/cmp1952
010-88379203　金 书 网：www.golden-book.com

教育服务网：www.cmpedu.com

前言

汽车油泥模造型工业设计在制造行业产品研发和市场竞争环节中，起着至关重要的作用，它对生产技术的发挥、市场销售占有率的提高以及品牌建设产生最直接的影响。一个企业未来的发展空间有多大，一个品牌屹立世界有多久，最终将取决于其对产品的设计研发和自主创新能力。而在整个工业设计当中，汽车设计作为工业设计的高层领域，其设计研发地位尤其重要。

自 1953 年起步以来，我国汽车工业经过了 60 年的发展，特别在改革开放以来，随着国民经济的高速发展，我国已成为汽车生产和消费大国。汽车工业进入一个快速发展时期，随之而形成的整个汽车产业已成为我国国民经济的支柱产业之一。虽然目前国内的汽车工业出现蓬勃发展的景象，但是从长远可持续发展的战略来看，我国的汽车产品质量和各方面的技术水平，同国际水平相比还有很大的差距。在整个汽车产业链中，汽车工业的自主研发和创新能力还十分薄弱。

目前在激烈的汽车市场竞争大环境中，我国汽车工业将面临严峻的挑战。汽车行业轰轰烈烈的背后，到底缺乏什么？我国汽车工业的路在何方？我国汽车工业只有在设计理念、生产技术、市场、品牌等方面实施自主研发和创新战略，才能不断发展壮大，才能与世界汽车工业强国展开全方位的竞争；只有走自主创新之路，才能从根本上改变中国民族汽车工业的命运，并在世界汽车领域拥有一席之地，才能引领中国经济的发展，中国汽车工业之路才能走得更稳、更远。

在汽车设计研发过程当中，汽车造型是整个设计过程中的一个重要组成部分，且占据重要的地位。而汽车油泥模型制作正是汽车自主研发设计的一个重要环节。在发达国家，汽车工业从设计到生产已达到了很高的水平，先进的科学技术已广泛地应用到汽车设计工作之中，但是在汽车设计造型研发过程中仍然保留油泥模型制作这一环节，这表明了油泥模型制作在汽车设计造型研发过程中，有着不可替代的地位与作用。

目前，国内许多设置汽车专业的高校为了适应我国汽车工业的发展需要，都将汽车油泥模型制作作为不可缺少的专业课程。当前我国汽车制造大国的地位与匮乏的设计队伍不相匹配，广大设计者及师生应该肩负起振兴民族汽车工业的神圣使命。但是，国内外有关这方面的书籍和参考资料很少，本书就是在这种情况下编写的。

本书是严格按照正向汽车造型设计来写作的。汽车自诞生至今已有一百多年的历史，在一百多年的发展中，发达国家在汽车开发领域，已经建立了汽车设计开发到生产一整套法律法规，对高、中、低档车型都有详细的要求，这已经给新车型开发设计指明了方向。而我国在汽车开发领域，还一直处在逆向设计阶段，逆向设计已成为我国新车型开发的拦路虎，要想摆脱这样的困境，必须从学习基本理论知识入手引导广大从业人员尽快进入正向设计的快车道。

1995 年作者就开始从事汽车造型设计并进行相关研究。在 20 年的工作及研究当中，积累并掌握了一整套理论与实践经验，所以写作出本书供大家参考。书中难免有不当之处，请广大读者批评指正。

徐宝成

目 录

CONTENTS

第一章

汽车造型所需设备、工具和材料

本书介绍的造型室设备、工具和材料的种类和数量只供读者学习、参考。各研发中心和实验室应参照自身条件，来制定造型室的规模和各种工具的数量。

第一节　汽车造型所需设备

一、铸铁大平台

造型室一般都设有两台铸铁大平台：带画线仪的三坐标（图 1-1）平台一台、带有油泥切削机的平台一台。在新车型开发中，外形开发和内饰开发一般是同时进行的，如果有两个平台，在整个新车型开发流程阶段就可以节省不少时间。铸铁大平台的规格尺寸很多，采购时可根据自己的工作需要，安装后通过验收方可使用。

图 1-1

带画线仪的三坐标平台

二、铸铁小平台

铸铁小平台一般用于轿车造型，现在世界上流行制作 1 ∶ 4 的模型，所以才制定这样的平台尺寸。在制作小平台时，可以根据工作需要改变小平台台面尺寸，小平台高度是以人的平均身高作为制作标准的，也可以根据自身条件定做自己所需要的高度。

1）固定式铸铁小平台一般需要安装 2~3 台，平台台面规格一般为 1600mm × 900mm，高度为 700~750mm，平台台面要求一级抛光面，最好带有网格线（图 1-2）。

2）活动式铸铁小平台（图 1-3）使用起来比较方便，规格的选用与固定式铸铁小平台一样。

图 1-2

固定式铸铁小平台

图 1-3

活动式铸铁小平台

优点：一次投资永久使用，台面上能使用各种笨重铸铁测量工具，如方箱、丁尺和高度尺等。

缺点：投资大，安装费力，在台面上做记号比较困难。

三、玻璃小平台

2000 年作者发明制作了玻璃平台，台面规格为 1600mm × 900mm，高度一般为 700~750mm。

1）先制作一个木框架，木框架的四周各安装一道托板，中间安装两道托板，刨平框架后，放上玻璃，经过校正即可使用（图 1-4）。

2）用角铁做一个支架，中间也要两道托板，角铁上面铺一层 20mm 厚的木条用胶粘牢后刨平，放上玻璃经过校正即可使用（图 1-5）。

图 1-4

木框架玻璃小平台

图 1-5

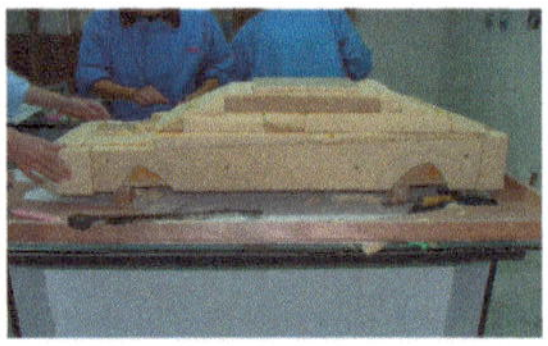

角铁框架玻璃小平台

3）用桌子拼起来的玻璃小平台，该平台是作者 2004 年在某汽车造型研究院工作时用过的平台，这种平台给初学者带来方便。用两张小桌子当架子，放上玻璃台面，经过垫平校正后即可使用（图 1-6）。

缺点：玻璃小平台的台面易碎，有很多笨重的仪器和测量工具不能随意使用，在工作中，笨重一点的测量工具要轻拿、轻放、轻挪动。

优点：轻便灵活，稍微校正后即可使用；价格便宜，方便做标注，平台上贴的是带网格的纸面，在工作中特别容易做标记，不但易标记零点及坐标线，也可把俯视图贴到平台上面，这样方便模型的制作。

图 1-6

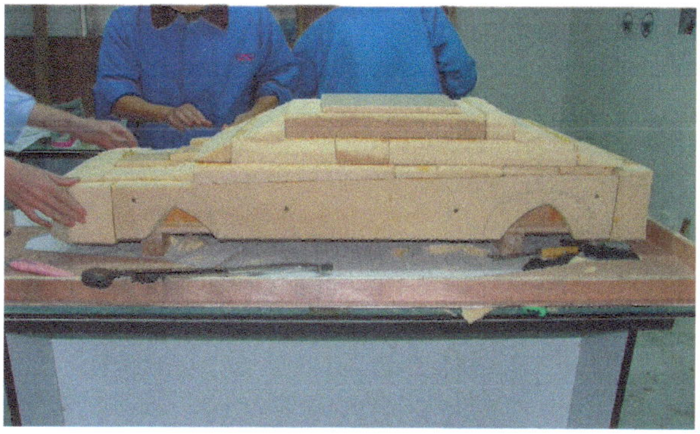

用桌子拼起来的玻璃小平台

四、油泥烤箱

油泥烤箱（图 1-7、图 1-8）是造型室必备设备之一，工作时根据需要选择烤箱的大小。在购买时应配备一大一小，大烤箱应固定在造型室内，必须安装排风设备，小烤箱可以灵活使用。

图 1-7

小烤箱

图 1-8

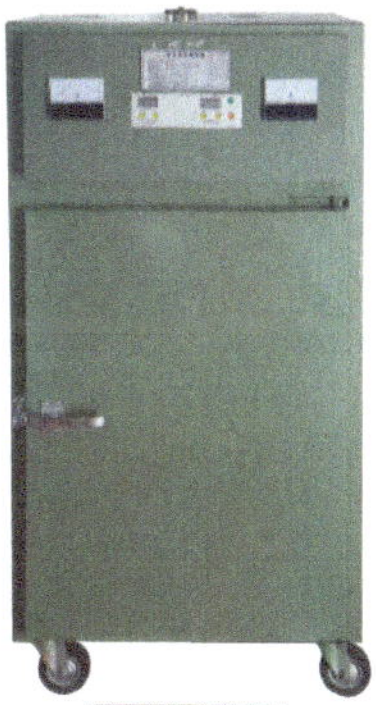

大烤箱

五、木工机械设备

1）二合一台式电刨（图 1-9）用于木材的剖解及刨平。使用者要经过专业培训获得资格证之后方可持证上岗。

2）台式电钻（图 1-10）主要用于钻一些直径比较大的孔洞。

图 1-9

二合一台式电刨

图 1-10

台式电钻

3）台式曲线锯（图 1-11）主要用于大型曲线的切割。

4）台式砂轮（图 1-12）用于各种工具的打磨，及各种样板和各种小铁件的打磨。

图 1-11

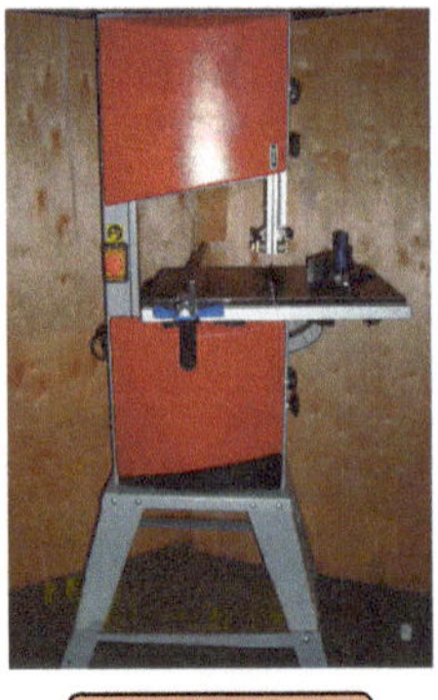

台式曲线锯

图 1-12

台式砂轮

第二节　汽车造型所需工具

本节主要介绍制作油泥模型所使用的部分工具和一些辅助工具及其规格和用

途。在制作模型时，需要使用很多工具，但并不是从开始做模型，就必须拥有全部的工具，可以根据自己的工作需要，灵活地选择适合的工具（表 1-1），也可以自己动手制作一些特种工具来制作模型。

工具明细表只是帮助大家认识一些比较常用的工具。在造型中一部分特定工具还需要现场临时制作。购买工具时，根据工作需要来配备工具的种类和数量。

表 1-1　工具明细表

油泥工具	木工工具		测量工具	研磨工具	其他工具
	小型电动工具	手动工具			
1. 直角油泥刮刀（大、中、小） 2. 弧度油泥刮刀（大、中、小） 3. 直线弧形油泥刮刀 4. 精细油泥刮刀（大、中、小） 5.R 油泥刮刀 6. 弧面油泥刮刀 7. 三角油泥刮刀 8. 蛋形油泥刮刀 9. 单头凸面刮削工具（大、中、小） 10. 导缝槽刀（各种规格） 11. 一刃一齿钢制刮片（各种规格） 12. 钢制刮片（各种规格） 13. 钢制异型刮片（各种规格） 14. 油泥刀 15. 油泥刨刀 16. 油泥整形刀 17. 弧形钢制大刮片（各种规格：适用于 1 ∶ 1 模型）	1. 小型电锯 2. 小型电刨 3. 小型电钻 4. 小型曲线锯 5. 小型角磨机 6. 小型打磨机 7. 气钉枪 8. 拉铆枪	1. 木工手锯（大、中、小） 2. 刀锯 3. 曲线手锯 4. 木工刨（大、中、小） 5. 螃蟹刨 6. 錾子（各种规格） 7. 异型錾子 8. 铲刀 9. 斜刀 10. 斧子 11. 羊角锤 12. 木锉 13. 墨斗	1. 钢直尺（长、短） 2. 三角板（一套） 3. 水平尺 4. 游标卡尺 5. 卷尺 6. 高度尺 7. 红外线激光水平仪 8. 定型束针尺 9. 弧形轨道尺 10. 圆规 11. 方箱 12. 丁字铁 13. 划线尺	1. 油石（粗细各种） 2. 三角锉 3. 平板锉 4. 什锦锉 5. 半圆锉 6. 自制卡板、样板锉打磨工具 7. 砂布（80~120#） 8. 水砂纸（400~1200#）	1. 吸尘器 2. 剪刀 3. 美工刀 4. 批灰刀 5. 钢锯 6. 钳子 7. 刷子 8. 汽泵 9. 喷漆枪 10. 油水分离器 11. 台虎钳 12. 热熔硅胶枪

一、油泥工具

1）直角油泥刮刀（图 1-13）的刮削刃口一刃一齿，齿口呈锯齿状，齿口主要是为减轻阻力而设计的，用于油泥初敷后进行粗刮削加工处理。注意：使用时应在模型表面以对角线方向进行刮削，可根据工作需要选用合适的规格。常用规格有 30mm、75mm、100mm、125mm。

2）一刃一齿弧度油泥刮刀（图 1-14）和直角刮刀类一样，都主要适用于粗刮。

一刃一齿弧度刮刀更适用于大面积弧面，使用时可根据模型弧面的大小选用不同的规格。常用规格有 50mm、100mm、125mm、150mm。

图 1-13

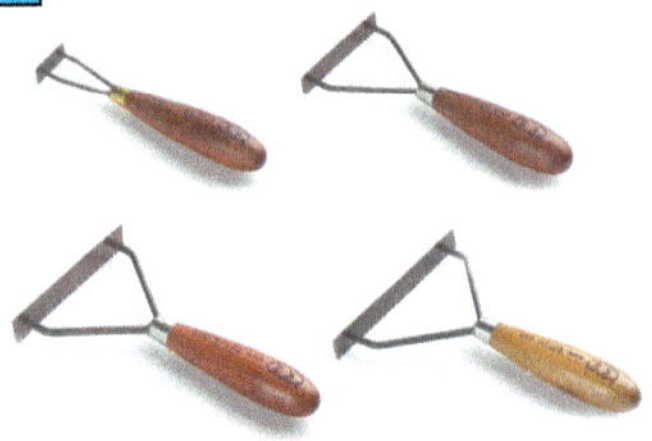

直角油泥刮刀

图 1-14

一刃一齿弧度油泥刮刀

3）双刃弧度油泥刮刀（图 1-15）因刮刀截面为弧形，所以又称为直线弧形油泥刮刀。它的用处和直角油泥刮刀相同，是为了改变工具对油泥刮削时的阻力而设计的一种工具。常用规格有 50mm、100mm、125mm、150mm。

4）精细油泥刮刀（图 1-16）一般用于油泥的后期制作和油泥的精修，如车窗、倒角的制作。常用规格有 30mm、40mm、50mm。

图 1-15

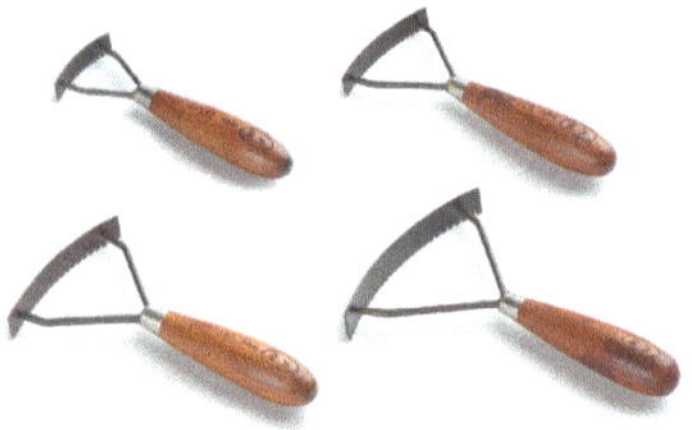

双刃弧度油泥刮刀

图 1-16

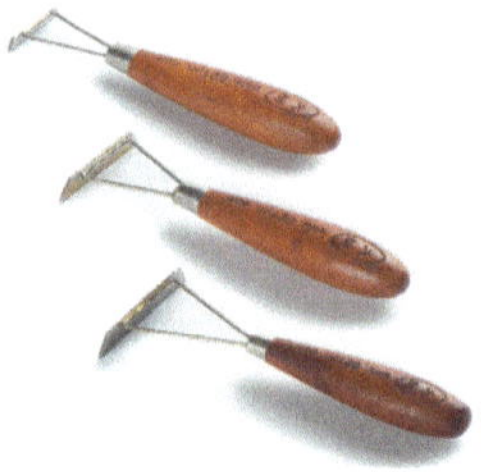

精细油泥刮刀

5）R 油泥刮刀（图 1-17）主要用于修整大型内弧。常用规格主要是 50mm。

6）弧面油泥刮刀（图 1-18）因整个刀身截面为弧形而得名，这种工具特别

图 1-17

R 油泥刮刀

图 1-18

弧面油泥刮刀

适用于刮削内弧角，在造型时可根据造型弧角的不同选用不同的弧面油泥刮刀。常用规格主要是 50mm 和 75mm。

7）三角油泥刮刀（图 1-19）主要用于狭窄及复杂型面的刮削。三角油泥刮刀还有一个重要的用途：把样板贴在模型上，用三角油泥刮刀来勾线。三角油泥刮刀的规格分为尖头、小、大三种。

8）蛋形油泥刮刀（图 1-20）主要适用于模型不同弧面的刮削，在使用时可以旋转刮刀找到需要的弧面，使用起来更加方便。蛋形油泥刮刀只有一种规格。

9）单头凸面刮削工具（图 1-21）主要用于勾划细微部分和比较深而复杂的弧面，其种类很多，可根据需要选用不同的型号。常用规格有 4mm、6mm、8mm、10mm、15mm、20mm。

图 1-19

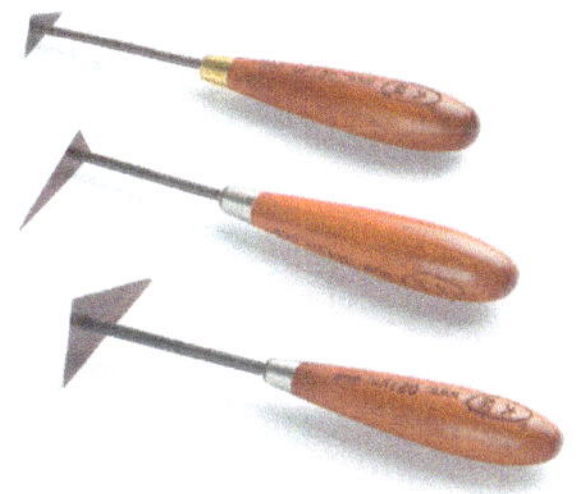

三角油泥刮刀

图 1-20

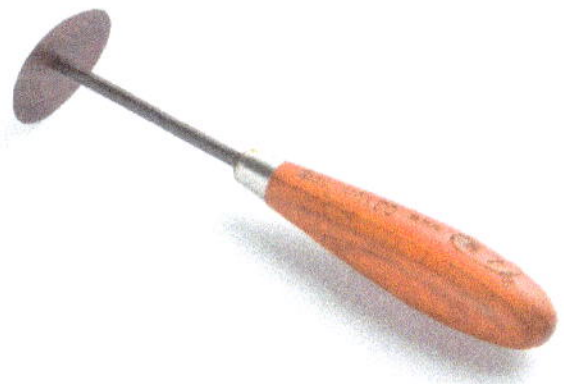

蛋形油泥刮刀

10）导缝槽刀（图 1-22）主要用于模型各部位的勾缝。市场现在只有 6 种规格：1~6mm。实际在制作 1 ： 1 的模型时，6 个规格是不够用的。行李箱下边的缝一般要求 8~10mm，可根据需要自己制作导缝槽刀，也可以使用常用规格的导缝槽刀两次完成刮削。

图 1-21

单头凸面刮削工具

图 1-22

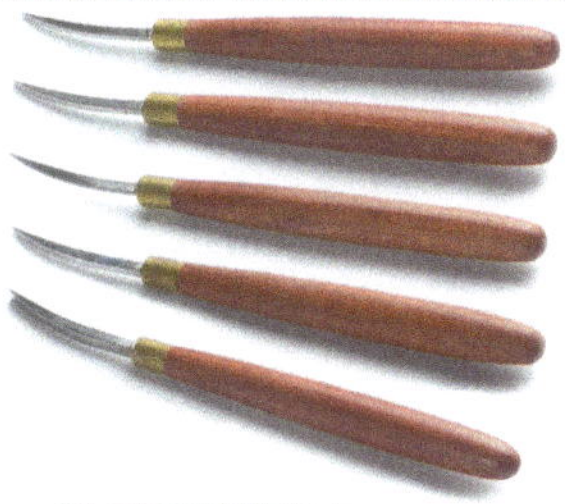

导缝槽刀

11）一刃一齿钢制刮片（图 1-23）的带齿一边用于粗刮，带刃一边用于细刮。常用规格有 50mm × 150mm、50mm × 200mm、50mm × 300mm。

12）钢制刮片有两边刃口（图 1-24），刮片规格很多，在选用刮片时，可根据油泥面积大小选用合适的规格。常用规格有 50mm × 100mm、50mm × 200mm、

50mm × 300mm、50mm × 400mm。

图 1-23

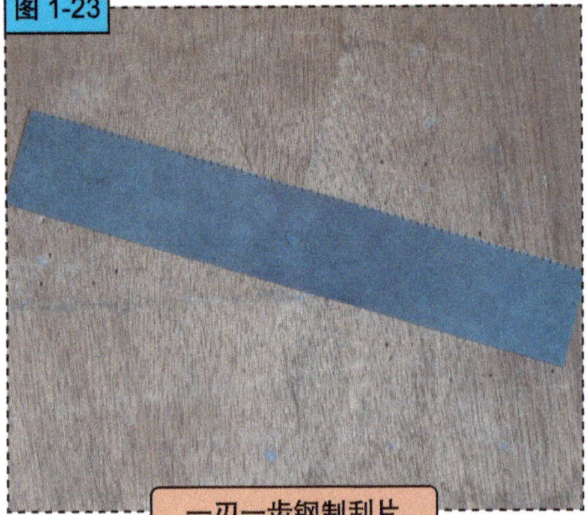

一刃一齿钢制刮片

图 1-24

钢制刮片

13）钢制异形刮片（图 1-25）的规格非常多，使用时可根据不同的曲面挑选合适的规格。

14）油泥刀（图 1-26）其本身就是一把刀子，很多造型师在造型时用它来划线、挖坑、切削，用途非常广泛。

图 1-25

钢制异形刮片

图 1-26

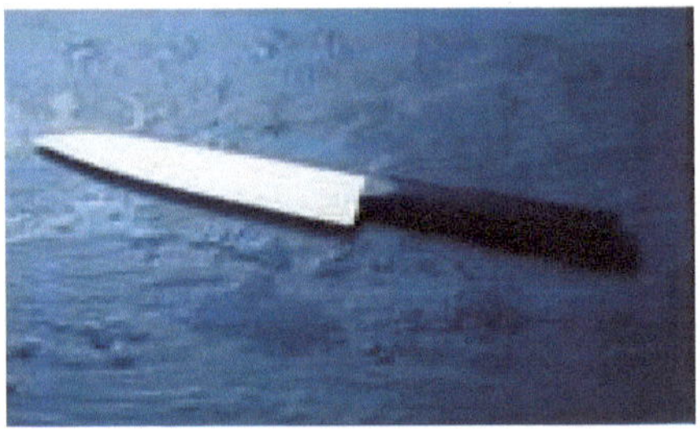

油泥刀

15）油泥刨刀（图 1-27）主要用于平面刮削，在造型时经常用于模型的前后悬架及纵梁底部的造型。

16）油泥整形刀（图 1-28）的用处各不相同，主要用于精刮后的修复，不需要全部购买。

17）弧形钢制大刮片（图 1-29）适用于 1 ∶ 1 模型的制作。

图 1-27

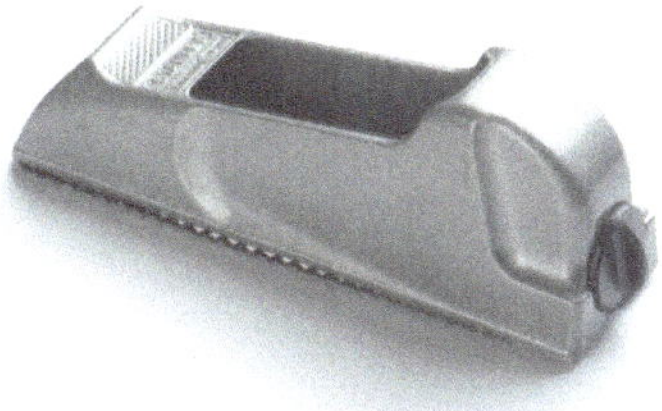

油泥刨刀

图 1-28

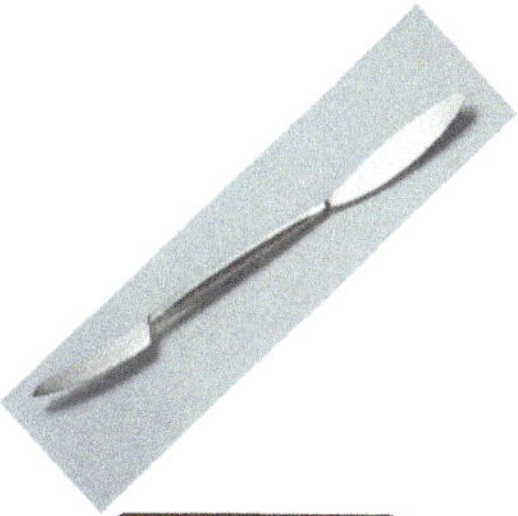

油泥整形刀

二、木工小型电动工具

1）小型电锯（图 1-30）主要用于切割木材，它体积小，操作灵活。

图 1-29

弧形钢制大刮片

图 1-30

小型电锯

2）小型电刨（图 1-31）主要用于定型模型上刮刨，功率不大，使用灵活。

3）小型电钻（图 1-32）主要用于打孔，其功率小，用途大，使用灵活。

4）小型曲线锯（图 1-33）用于制作具有各种曲线的卡板、样板等。

5）小型角磨机（图 1-34）用于切割、打磨、抛光等造型工作。

6）小型打磨机（图 1-35）用于代木、腻子的打磨及漆面的打磨和抛光。

7）气钉枪（图 1-36）是用气压打钉，可根据需要选用不同规格的钉子，装入钉盒，能快速灵活地完成工作。

图 1-31

小型电刨

8）拉铆枪（图 1-37）多用在铺设内外骨架多层板、细木工板时，是铆固的一种好工具。

图 1-32

小型电钻

图 1-33

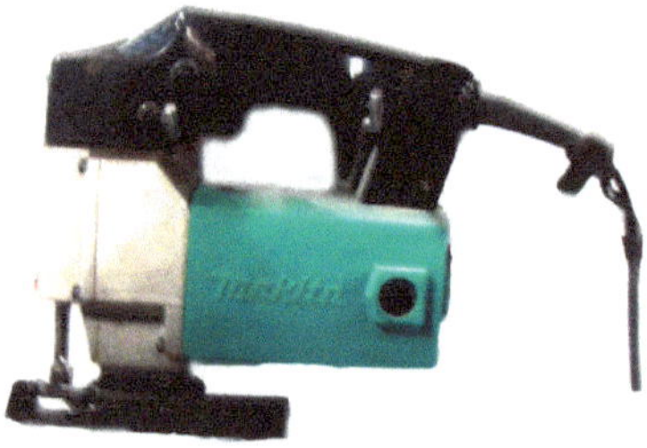

小型曲线锯

图 1-34

小型角磨机

图 1-35

小型打磨机

图 1-36

气钉枪

图 1-37

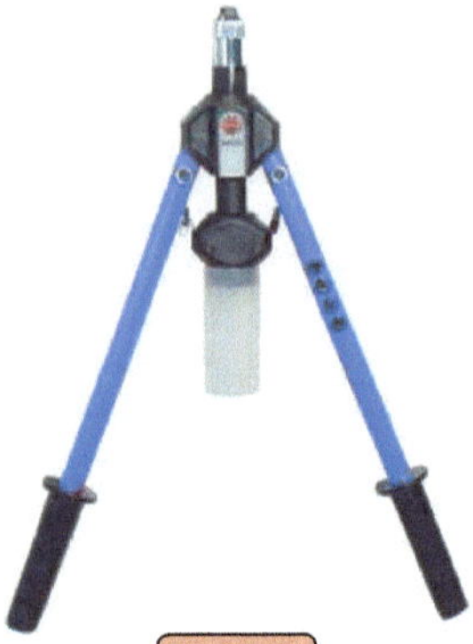

拉铆枪

三、木工手动工具

1）木工手锯（图 1-38）一般分为大、中、小三种，均为直线锯。大锯用于分解比较厚的板材；中锯用途比较广泛，用于开榫、截料，大锯、中锯的锯条角度可以在 0°~90° 范围内转动；小锯用于精细活的制作，小锯锯条和锯把手本身呈 45°，不可活动。

2）刀锯的种类很多，有时木工可以根据需要制作自己所需的刀锯，在大锯完成不了的地方用它来完成（图 1-39）。

图 1-38

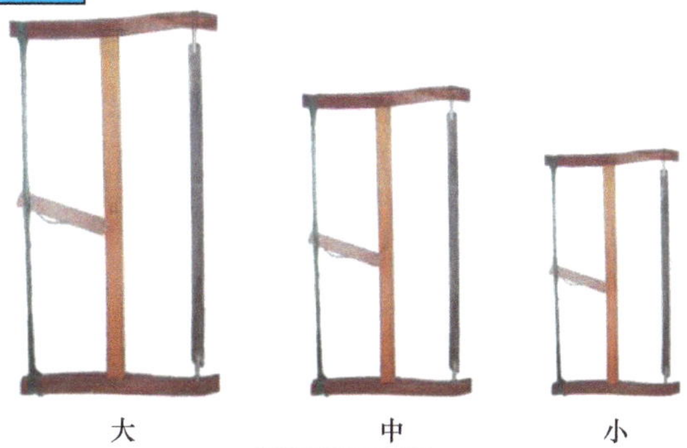

木工手锯

图 1-39

刀锯

3）曲线手锯（图 1-40）的锯条可以转动，锯条窄，可以锯切各种曲线和圆形的材料。

4）木工刨（图 1-41）在制作各种木装饰时使用，杠刨一般有 3 个规格：大、中、小，可根据使用条件选用不同的规格。

图 1-40

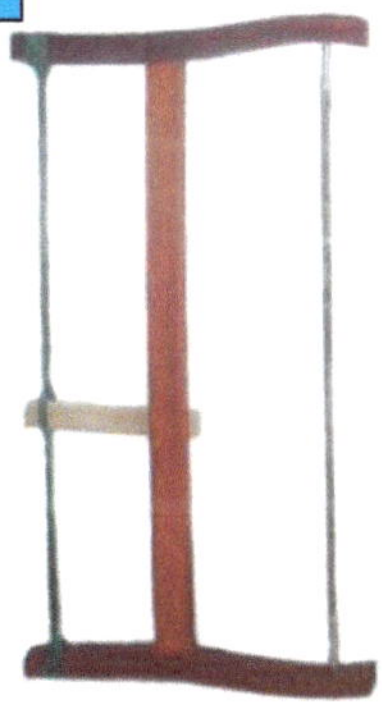

曲线手锯

图 1-41

木工刨

5）螃蟹刨（图 1-42）因外形似螃蟹而得名，最初用硬木材制成，后用铸铁制成，主要用于刮削凹面。

6）錾子（图 1-43）的规格比较多，用于木材打孔，可根据孔的大小选用不同的型号。

7）异形錾子（图 1-44）也就是圆錾子，分正、反口两种，反口圆錾子在木旋时是不可缺少的工具之一。

8）铲刀（图 1-45）又名扁铲，跟錾子类似，比錾子薄。

9）斜刀（图 1-46）跟铲刀类似，但前刃倾斜 45°，又称雕刻刀。

图 1-42

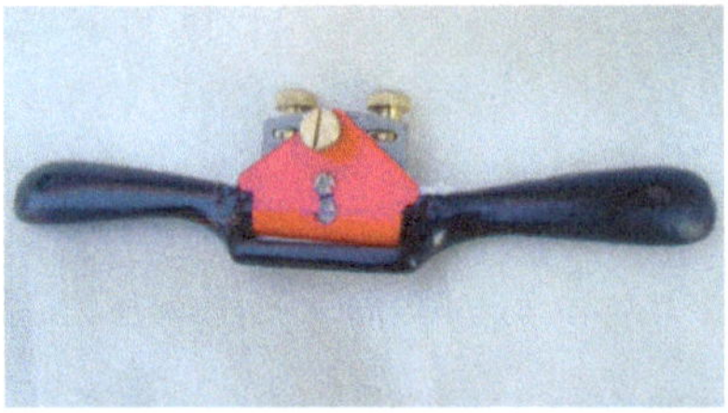

螃蟹刨

图 1-43

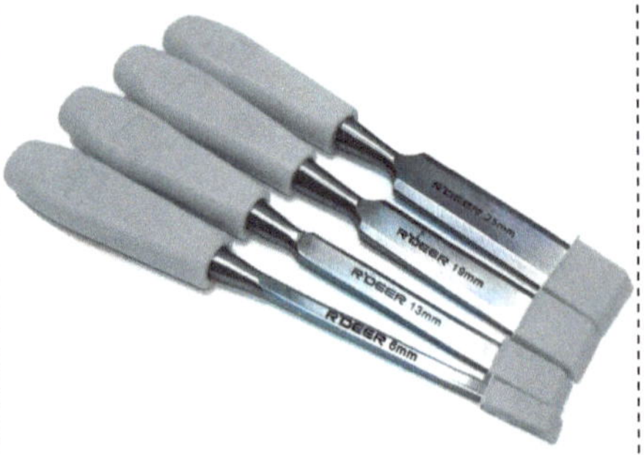

錾子

图 1-44

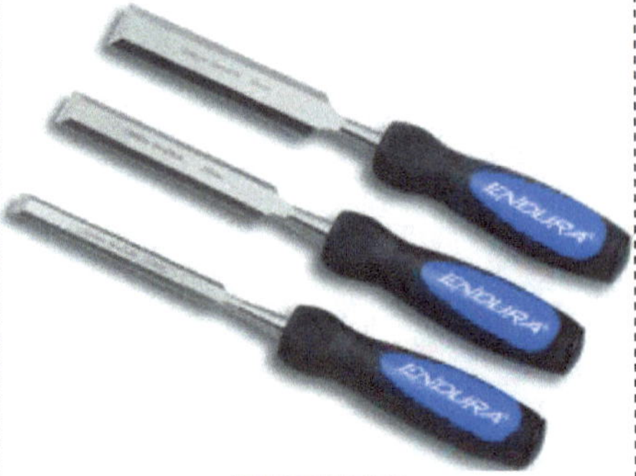

异形錾子

图 1-45

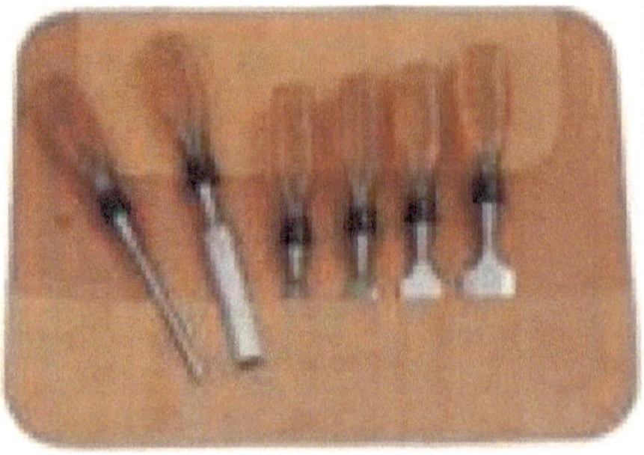

铲刀

图 1-46

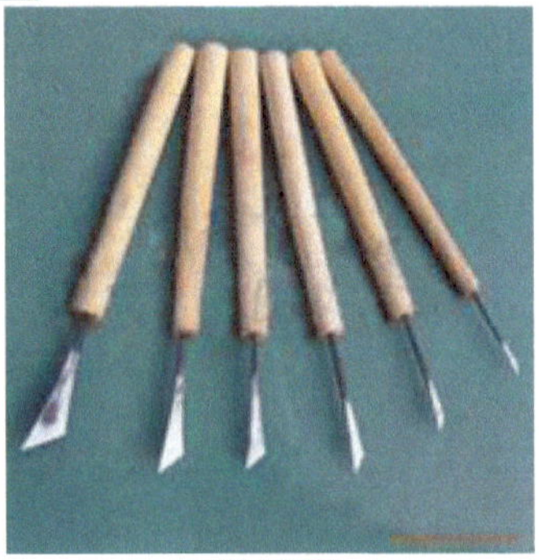

斜刀

10）斧子也是主要木工工具之一，分为两刃斧和单刃斧。图 1-47 所示是一把两刃斧子，主要用于修理木材，打孔时也能当锤子使用。

11）羊角锤（图 1-48）的锤头有两只角，像羊角，因此得名，主要用于钉钉子、起钉子。

12）木锉（图 1-49）主要用于锉木材、泡沫等各种软性材料。

图 1-47

斧子

图 1-48

羊角锤

13）墨斗（图 1-50）的用途非常广泛，能吊线，可以弹长距离的墨线。

图 1-49

木锉

图 1-50

墨斗

四、测量工具

1）钢直尺（图 1-51）主要用于测量及划线，其规格为 150~1500mm。

2）三角板（图 1-52）用于画图及测量角度。

图 1-51

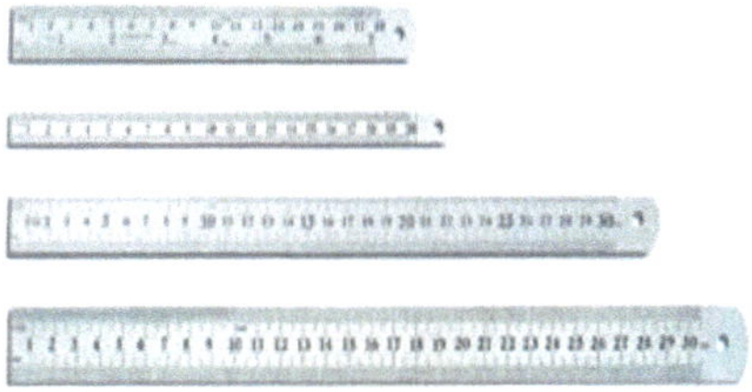

钢直尺

图 1-52

三角板

3）水平尺（图 1-53）。在没有激光水平仪时，水平尺主要用于校正垂直、水平平面。

4）游标卡尺主要用于测量内外直径，有普通游标卡尺和电子游标卡尺（图1-54）两种。

5）卷尺（图1-55）有很多种，有2~5m甚至更长，主要用于测量长距离物体。

6）高度尺（图1-56）主要用于测量高度，在制作模型时画点画线，用途比较广泛。

7）红外线激光水平仪（图1-57）也是制作模型时经常使用的一种工具，它有很多垂直、水平坐标线，可以反射到模型上。

图 1-53

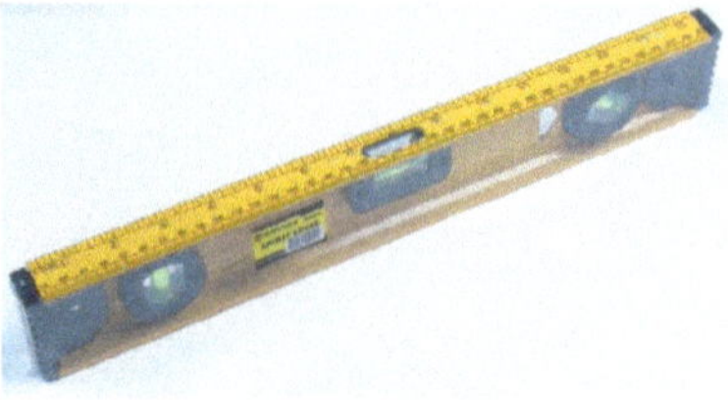

水平尺

图 1-54

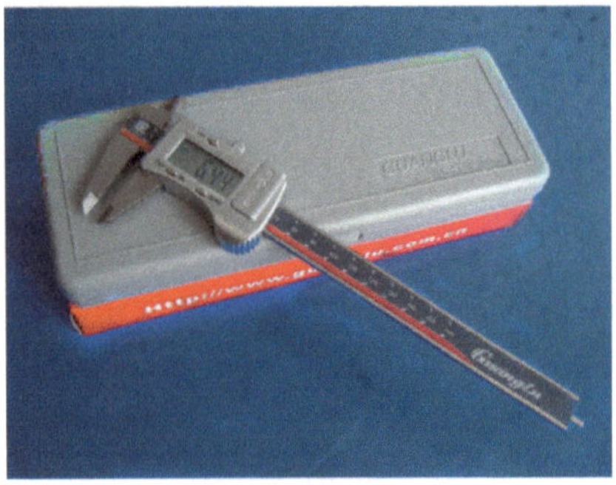

电子游标卡尺

图 1-55

卷尺

图 1-56

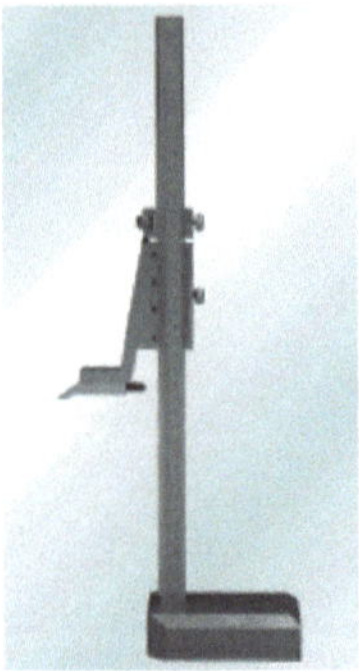

高度尺

图 1-57

红外线激光水平仪

红外线激光水平仪有两种：一种只有在水平时才能出现水平线或垂直线；另一种在人为的支撑下，还可以出现各种角度直线。最好购买后一种，这样在造型时能够在车身上做出各种角度线，使用起来比较方便。

8）定形束针尺（图1-58）的钢针可以来回移动，如果把它靠在物体上，碰到物体时刚针就会移动，等钢针全部靠在物体上时，物体的表面曲线就出现在束针尺上。在造型时用它来做两边对称。

9）弧形轨道尺（图 1-59）种类很多，制作材质也不一样，弧形半径也不一样，小的以 50mm 开始。在比例模型制作时，多挑选小规格；如果制作 1 ∶ 1 模型，需要挑选大规格的。造型时，找准两边坐标点，挑选合适的轨道尺，就可以验证模型的曲率是否准确，节省动手做样板的时间。

图 1-58

定形束针尺

图 1-59

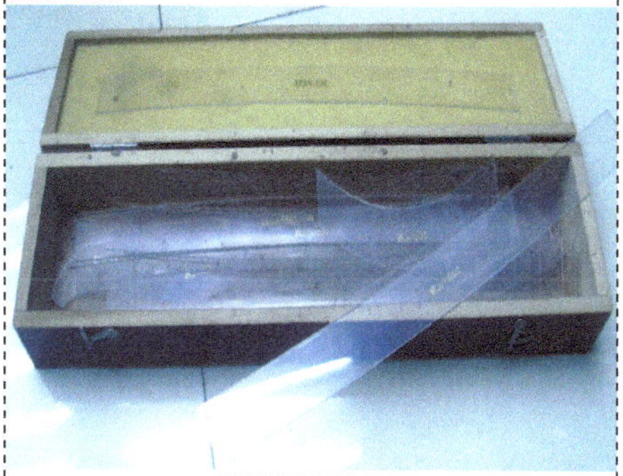

弧形轨道尺

10）圆规（图 1-60）主要用于放样画圆，造型时，应选大一点的。

11）方箱（图 1-61）用铁铸造加工而成，放在平台上，四周全为直角，在造型时可以测量模型离坐标线的距离。

图 1-60

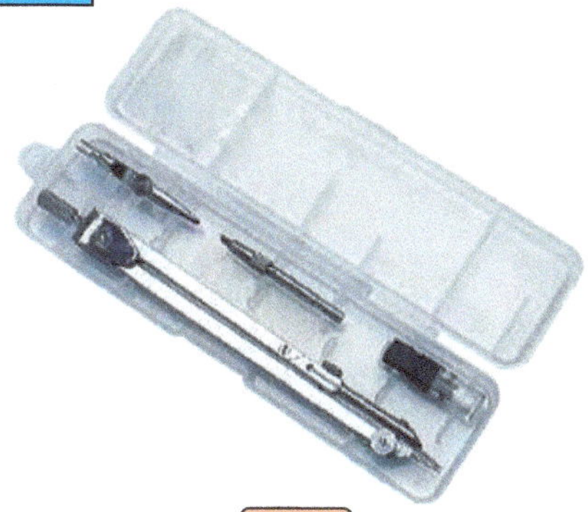

圆规

图 1-61

方箱

12）丁字铁（图 1-62）是由铸造加工而成的一种平台上使用的工具。其用途和方箱大同小异。

13）划线尺有好多种，可以在市场上买到（图 1-63），还可以自制。挑一块红白松（最好没有疤节），长度按照需要选定，宽度为 50mm，厚度为 8~10mm，一边打坡口，在操作时一头固定在工作台上。

图 1-62

丁字铁

图 1-63

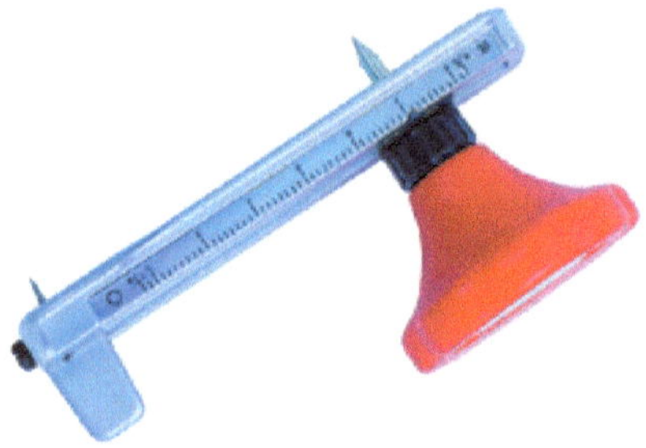

划线尺

五、研磨工具

1）油石（图 1-64）。各种粗细的油石是人工配制不同细度的人造金刚砂，经冲压烧制而成的，由粗细两个面组成，也有两面一样的。应按照自己的需要购买不同粗细型号的油石。

2）三角锉（图 1-65）主要用于修磨各种型号的锯，有多种型号，在使用时挑选自己需要的型号。

图 1-64

油石

图 1-65

三角锉

3）平板锉（图 1-66）是钳工使用的工具，在造型中用于锉磨一些铁制部件。

4）什锦锉（图 1-67）是一种很小的锉，种类繁多，一套十根，锉一些铁制小物品。

图 1-66

平板锉

图 1-67

什锦锉

5）半圆锉（图 1-68）可以锉带弧线的铁件。

6）自制样板锉磨工具（图 1-69）。在造型中卡板及样板制作是一项非常严格的工作。用锯子、刀子、剪刀做出的卡板及样板达不到做模型的要求，所以就要动手做一种工具来帮助达到要求。选一根长为 250mm 的木条，一面为平面，一面为弧面，弧面的弧度可根据需要定，把另一个角倒成圆角，如果卡板材料厚就用粗一点的砂布，一般可用型号为 100~120# 的砂布。

图 1-68

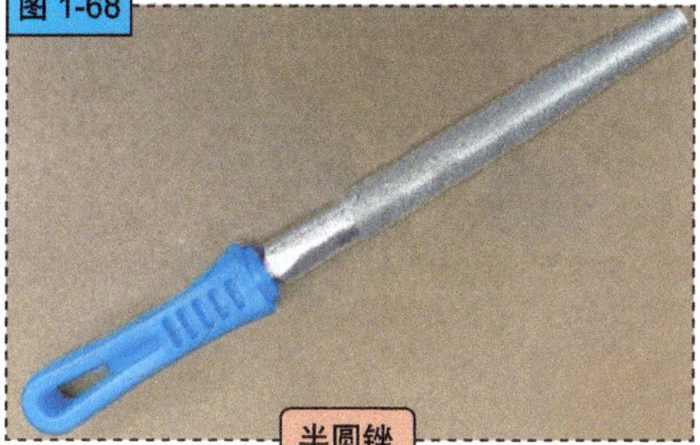

半圆锉

图 1-69

自制样板锉磨工具

7）砂布（图 1-70）主要用于锉磨卡板或木材的打磨。

8）水砂纸（图 1-71）主要用于油泥工具的修理及油漆的打磨。

图 1-70

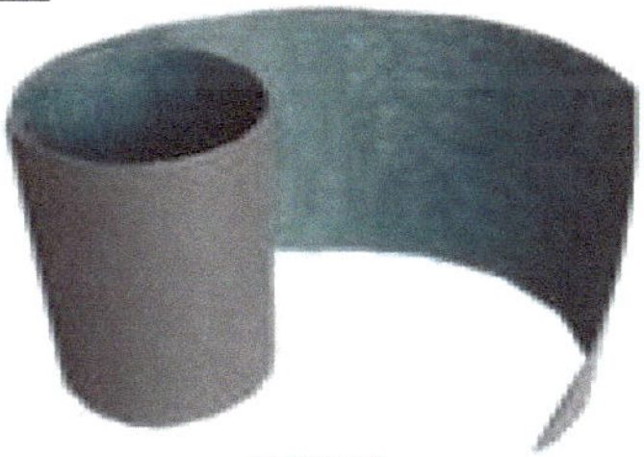

砂布

图 1-71

水砂纸

六、其他工具

1）吸尘器（图 1-72）用于各种坯胎泡沫清理及油泥的碎屑清理，大大缓解造型室清洁工作带来的麻烦。

2）剪刀（图 1-73）是造型的必备工具之一，它用途很广泛，如剪样板、剪胶带等。

3）美工刀（图 1-74）的刀锋非常锋利，用于卡板制作、贴膜、对接等。

4）批灰刀（图 1-75）用处非常大，敷油泥时可以当铲刀用，喷漆时可以和腻子、批腻子。

图 1-72

吸尘器

图 1-73

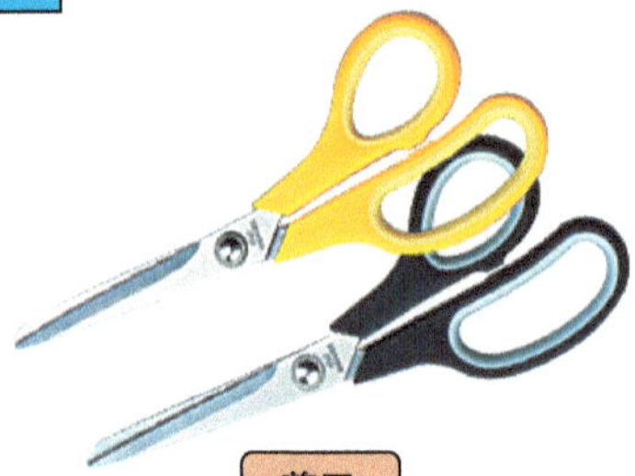

剪刀

图 1-74

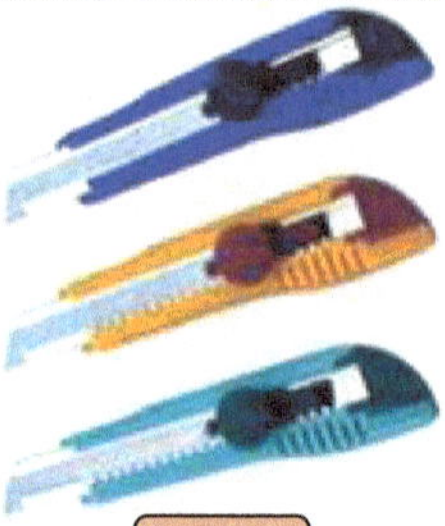

美工刀

5）钢锯（图 1-76）主要用于切断金属材料。

图 1-75

批灰刀

图 1-76

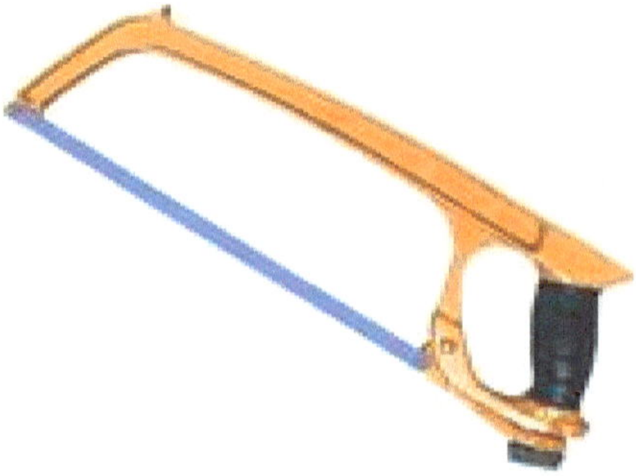

钢锯

6）钳子（图 1-77）主要用于剪断各种铁丝，在各种工作中用处也非常广泛。

7）刷子（图 1-78）可以刷各种框架油漆，还可以清理各种表面的灰尘及油泥模型上的碎屑。

图 1-77

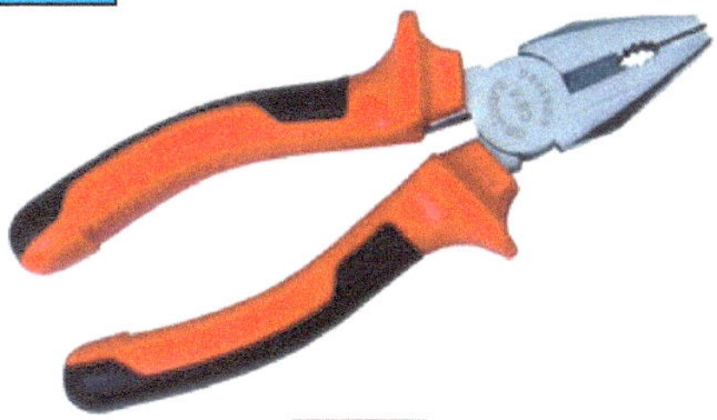

钳子

图 1-78

刷子

8）气泵（图 1-79）又名空气压缩机，它可以把空气压缩到 4~5at（1at=98.07kPa）后，供喷漆枪、气钉枪使用。

9）喷漆枪（图 1-80）用于给模型喷漆。

图 1-79

气泵

图 1-80

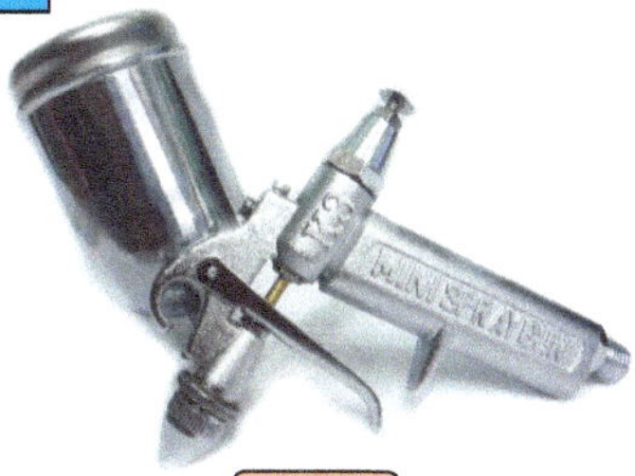

喷漆枪

10）油水分离器（图 1-81）。空气经过油水分离器后可把空气中的水分分离出来。

11）台虎钳（图 1-82）主要用于固定制作的卡板、样板及小件，方便制作。

图 1-81

油水分离器

图 1-82

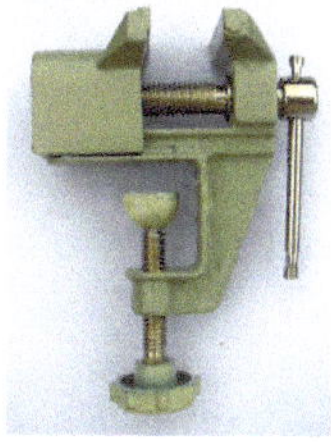

台虎钳

12）热熔硅胶枪（图 1-83）是一种高温熔化硅胶的工具。

图 1-83

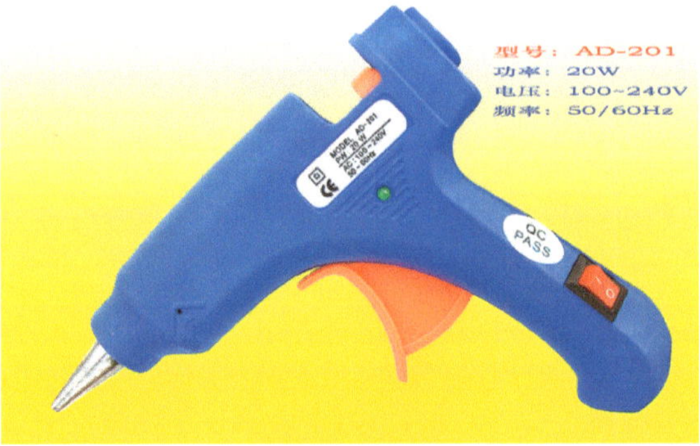

热熔硅胶枪

第三节　汽车造型所需材料

汽车造型所需材料见表 1-2。

表 1-2　汽车造型所需材料

木材类	模型外表用材	各类贴膜	辅助用材
1. 红白松 2. 细木工板 3. 多层板 4. 三合板	1. 油泥 2. 石膏粉 3. 腻子粉 4. 代木	1. 整车用贴膜 2. 内饰贴膜 3. 车窗贴膜 4. 镀铬贴膜	1. 抛光粉 2. 滑石粉 3. 原子灰 4. 各种铁钉
化学板类	**粘接类**	**胶带类**	**油漆类**
1. 聚氨酯泡沫板 2. 聚苯乙烯泡沫板 3. 聚氨酯保温板 4. 有机玻璃板 5. 塑料板 6. 纤维板 7.KT 板 8. 纸板 9. 铝合金板	1. 白乳胶 2. 泡沫胶 3.501 、502 胶 4. 塑料胶 5. 泡沫填充剂	1. 彩色纸胶带 2. 黑色纸胶带 3. 镀铬胶带 4. 双面胶胶带 5. 透明胶带 6. 纸胶带	1. 硝基各种外用漆 2. 醇酸各种外用漆 3. 硝基稀释剂 4. 醇酸稀释剂 5. 各类底漆 6. 防锈漆

一、木材类

（1）红白松（图 1-84）

1）红松木质松软，纹理细腻，是制作各种配件的好材料，雕刻性也很好。

2）白松木质较轻、松软，纹理不及红松细腻，可以制作各类配件。

（2）细木工板（图 1-85）是现代工业的产物，把木板夹在中间，两面贴上薄板，解决木材收缩问题，做内外骨架和内饰时使用。

图 1-84

红白松

图 1-85

细木工板

（3）多层板（图 1-86）。利用机械化把圆木旋成薄皮，用胶把木皮横顺粘合，解决木板收缩及开裂问题，做内饰时使用。

（4）三合板（图 1-87）是把三层木皮贴在一起，所以称三合板，厚度 2.5~3mm，做模型卡板及样板及内饰时使用。

图 1-86

多层板

图 1-87

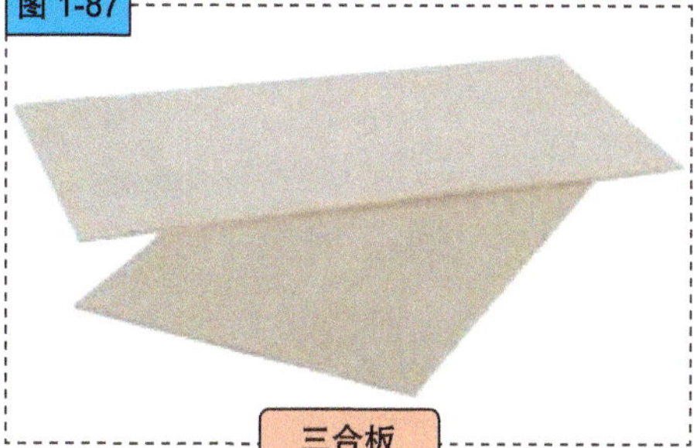

三合板

二、化学板类

1）聚氨酯泡沫板（图 1-88）是一种硬性泡沫，是建筑领域应用非常广泛的一种材料，用于隔音、吸音、隔热等。它也是制作汽车比例模型、1 ：1 模型坯胎的好材料。

2）聚苯乙烯泡沫板（图 1-89）在建筑及工业上的用途也比较广泛，用于隔音、隔热。它也是制作比例模型、1 ：1 模型坯胎的好材料。

3）聚氨酯保温板（图 1-90）主要用于保温。它也是制作比例模型、1 ：1 模型坯胎的好材料。

4）有机玻璃板（图 1-91）用于制作模型卡板及样板，也可以制作大三角板和轨道尺。

5）塑料板（图 1-92）与有机玻璃板用处类同。

图 1-88

聚氨酯泡沫板

图 1-89

聚苯乙烯泡沫板

图 1-90

聚氨酯保温板

图 1-91

有机玻璃板

板尺寸：120mm × 60mm、120mm × 40mm、120mm × 240mm。

板厚度：0.5mm、0.8mm、1mm、1.2mm、1.5mm、2.0mm。

6）纤维板（图 1-93）是制作模型卡板、样板的一种材料，纤维板的规格按模型比例的大小选用。

图 1-92

塑料板

图 1-93

纤维板

7）KT 板（图 1-94）是制作模型卡板的好材料，轻便、易加工、不受空气影响，可根据自己需要选择不同厚度的规格。

8）纸板（图 1-95）是制作模型样板的好材料，可按不同样板的大小选用不同厚度的纸板。

9）铝合金板（图 1-96）一般用于制作模型的主卡板，在现代造型中用得比较少。

图 1-94

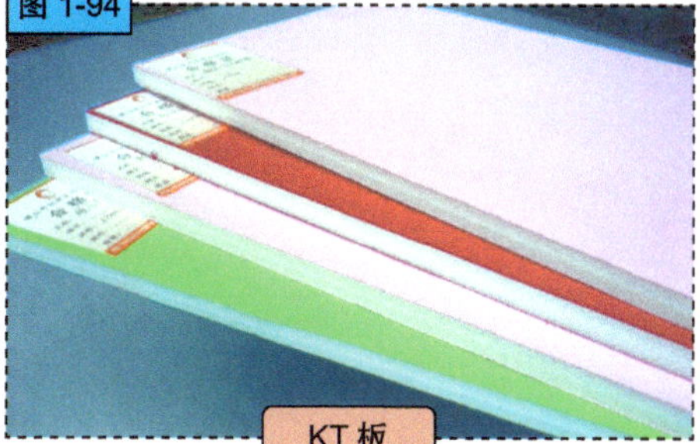

KT 板

图 1-95

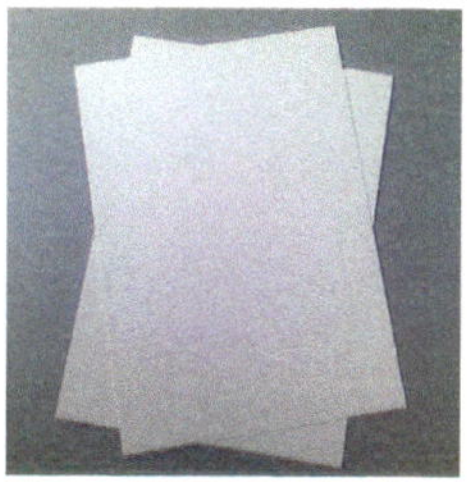

纸板

图 1-96

铝合金板

三、模型外表用材

1）油泥。油泥的使用由来已久，日本弘易的油泥质量最好，我国也有研究油泥的企业，但比起弘易还是有一定差距，但国内产品的价格较低（图 1-97）。

2）石膏粉（图 1-98）又分生石膏粉、熟石膏粉，石膏粉用处非常广泛，是建筑装饰不可缺少的材料之一，也是一种做模型的好材料。

图 1-97

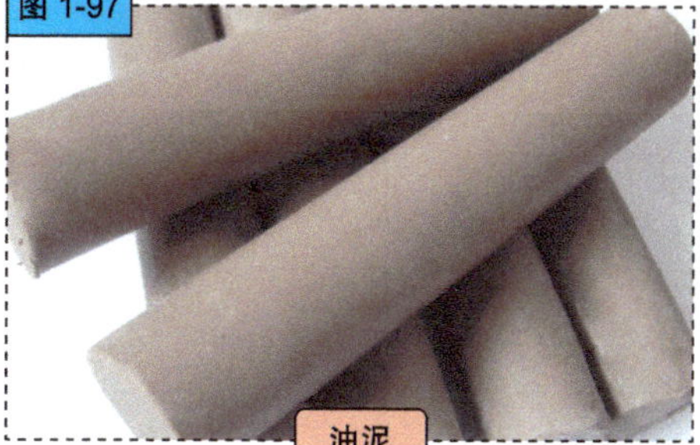

油泥

图 1-98

石膏粉

3）腻子粉（图 1-99）不光是建筑装饰的好材料，用它造型也很好，作者曾经在 2004 年用腻子粉做过一个车模，效果也很好。

4）EPOWOOD（代木）是一种做模型的高档材料，其耐气候性很好，但在我国很少使用。意大利制作的模型基本全是代木的。

图 1-99

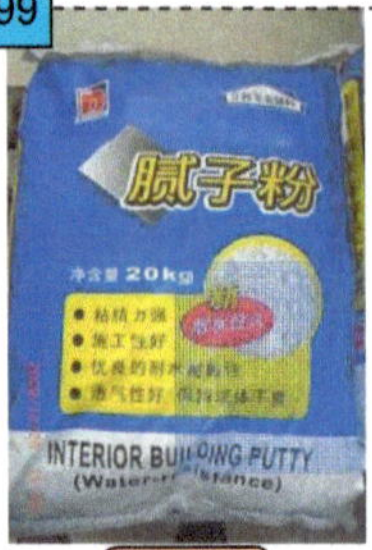

腻子粉

四、粘接类

1）白乳胶（图 1-100）粘接各种木材时使用。

2）泡沫胶（图 1-101）有很多种，在购买时应注意匹配。

图 1-100

白乳胶

图 1-101

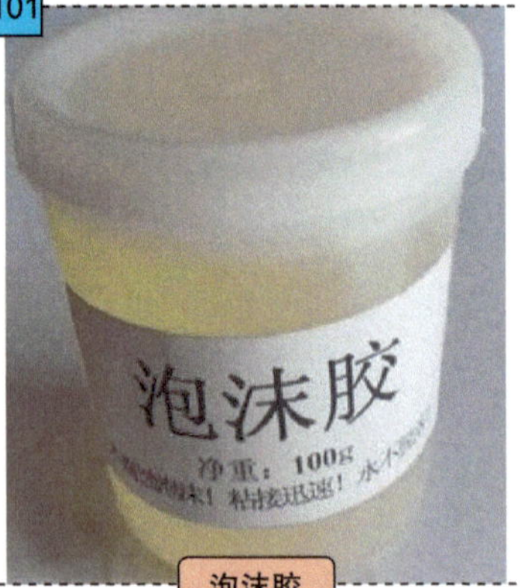

泡沫胶

3）501 胶、502 胶（图 1-102）是快速粘接胶。在造型中，有时急需粘接部分小件，502 胶是首选。

4）塑料胶（图 1-103）。在做大型卡板时，如果用的是塑料一类的板材，在粘接时必须用塑料胶。

5）泡沫填充剂（图 1-104）用于填充坯胎制作时留下来的空隙。

图 1-102

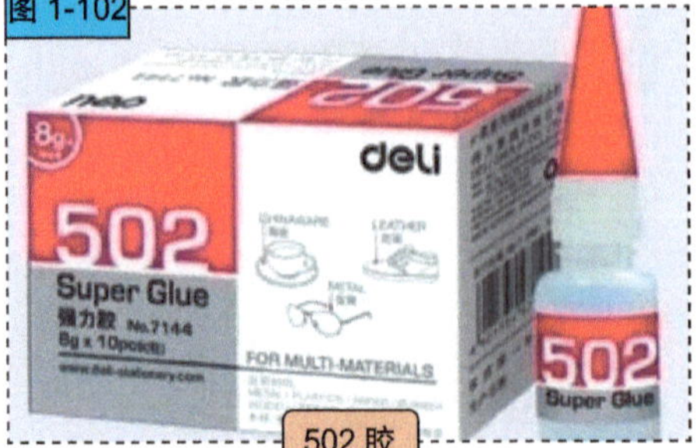

502 胶

图 1-103

塑料胶

图 1-104

泡沫填充剂

五、各类贴膜

1）整车用贴膜（图 1-105）用于模型外表面，表现速度快，但不如喷漆质量好。

2）内饰贴膜（图 1-106）用于内饰模型外表面。内饰贴膜仿皮革效果特别好，用它装饰内模型表面比喷漆好。

3）车窗贴膜（图 1-107）是一种非常好的贴膜，适用于贴各种模型的车窗及前后风窗玻璃的装饰。

4）镀铬贴膜（图 1-108）适于模型大面积的粘贴。

图 1-105

整车用贴膜

图 1-106

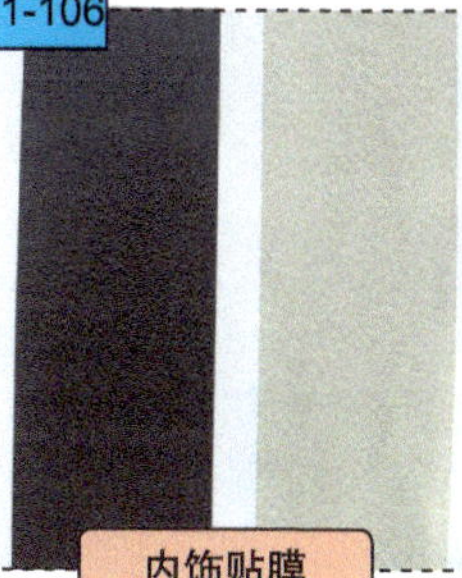

内饰贴膜

图 1-107

车窗贴膜

图 1-108

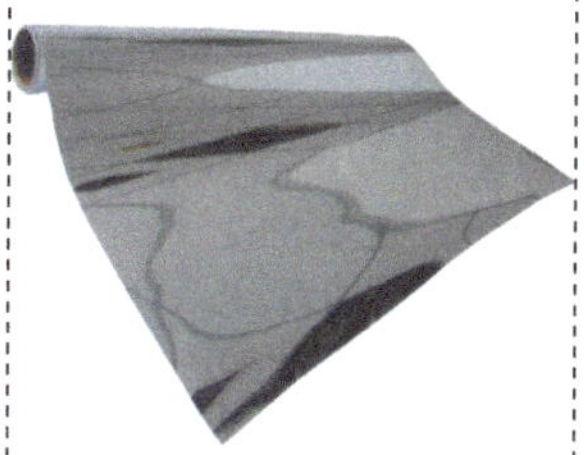

镀铬贴膜

六、胶带类

1）彩色纸胶带（图 1-109）价格便宜，在造型时也可以代替进口黑胶带使用。

图 1-109

彩色纸胶带

2）黑色纸胶带（图 1-110）是用一种皱纸做的胶带。优点：比较厚实，转弯性较好，是造型时的好帮手；缺点：价格比较贵。

3）镀铬胶带（图 1-111）适于模型上小面积的粘贴。

图 1-110

黑色纸胶带

图 1-111

镀铬胶带

4）双面胶带（图 1-112）是一种两面带胶的胶带，在装饰时，使用起来非常方便。

5）透明胶带（图 1-113）是一种粘力强又透明的胶带，也是在造型室工作时不可缺少的一种胶带。

6）纸胶带（图 1-114）一般用于模型喷涂。

图 1-112

双面胶带

图 1-113

透明胶带

图 1-114

纸胶带

七、油漆类

1）硝基外用漆（图 1-115）漆膜韧性好，干燥快，是一种档次较高的油漆，漆面抛光后光亮如镜。

2）醇酸外用漆（图 1-116）是一类大众油漆，价格便宜，使用广泛。

3）硝基稀释剂（图 1-117）刺激性比较大，用于稀释硝基类油漆。

4）醇酸稀释剂（图 1-118）刺激性比较小，用于稀释醇酸类油漆。特别提醒：两种油漆和稀释剂绝对不可混合使用。

5）各类底漆（图 1-119）。底漆是一种结合性较强、漆膜厚实容易打磨的油漆。在模型涂装时，一般会使用两三道底漆。

6）防锈漆（图 1-120）一般作为金属制件防锈使用，如模型的钢骨架和各种金属制件，制作完成后都需要涂两三道防锈漆。

图 1-115

硝基外用漆

图 1-116

醇酸外用漆

图 1-117

硝基稀释剂

图 1-118

醇酸稀释剂

图 1-119

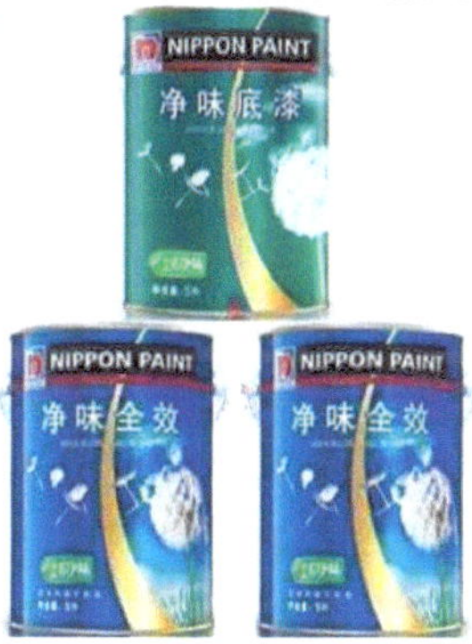

各类底漆

图 1-120

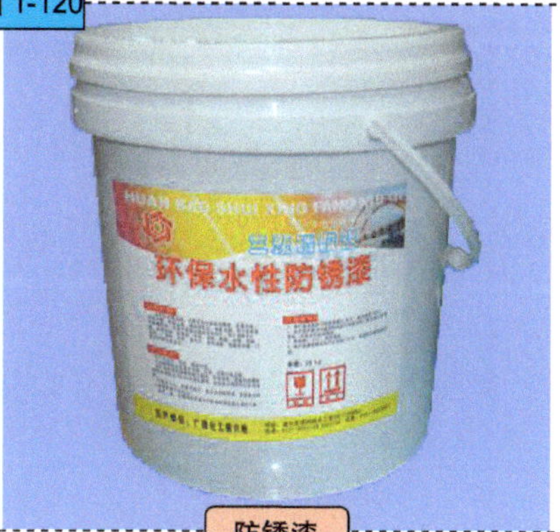

防锈漆

八、辅助用材

1）抛光粉（图 1-121）。在高档油漆漆面抛光时，抛光粉能使漆面更快、更好地呈现出光亮来。

2）滑石粉（图 1-122）非常细腻，配合油漆使用是一种不错的腻子粉。

3）原子灰（图 1-123）原本是为汽车修理擦痕用的一种材料，但是在模型的涂装过程中，也是一种不可缺少的材料。

图 1-121

抛光粉

图 1-122

滑石粉

图 1-123

原子灰

4）各种铁钉（图 1-124）也是模型的骨架，特别在内饰骨架制作中，它是不可缺少的一种材料。

图 1-124

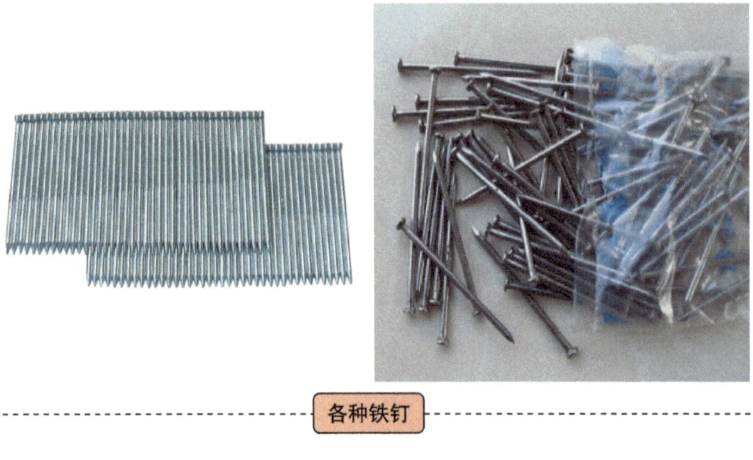

各种铁钉

第二章

汽车造型基础知识

第一节　对汽车造型各个环节的认识

一、汽车各部位名称

在编写本书时，作者把汽车各部位名称，比较详细地整理了一下，统一了汽车各部位的名称，以便大家对汽车各部位有一个统一的叫法 (图 2-1)。

图 2-1

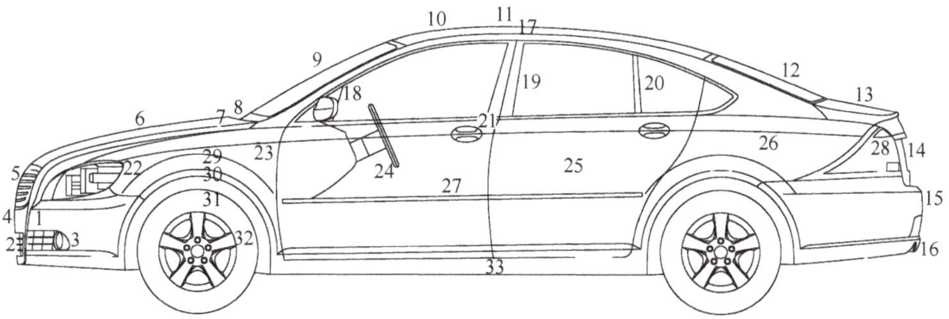

汽车各部位名称

1—前保险杠　2—下进风口　3—雾灯　4—牌照座　5—格栅　6—发动机舱盖　7—喷水嘴　8—刮水器安放槽　9 —风窗玻璃　10—车顶　11—天窗　12—后风窗玻璃　13—行李箱盖　14—后牌照口　15—后保险杠　16—排气管　17—顶边梁　18—A 柱　19—B 柱　20—C 柱　21—门拉手　22—前照灯　23—前翼子板　24—前门　25—后门　26—后翼子板　27—防擦条　28—后灯　29—轮眉　30—轮口　31—前后轮　32—前后轮毂　33—门槛梁

二、模型的种类及比例图

比例模型是新车型开发中的重要环节，如果贸然制作 1 ∶ 1 模型有可能造成得不偿失的后果，所以为了稳妥起见，还是从比例模型做起。

早在 20 世纪八九十年代多用 1 ∶ 5 模型，后来多数人认为 1 ∶ 5 模型比例较小，在评审时有些问题难以判断，有人提议改用 1 ∶ 4 模型。故现在在车型开发中，比例模型一般采用 1 ∶ 4 模型。

三、比例模型

（1）图 2-2 所示这款模型是按照富康车的底盘数据设计制作的，模型比例为 1 ∶ 5。

图 2-2

按照富康底盘数据设计的模型

（2）图 2-3 所示这款模型是针对红旗车设计制作的模型，模型的比例是 1 ∶ 4。

图 2-3

针对红旗车设计制作的模型

四、各种比例图及模型比例

现在在新车开发中，设计方面常用 1 ∶ 10 、1 ∶ 4、1 ∶ 1 图。油泥制作方面主要是 1 ∶ 4、1 ∶ 1 模型（图 2-4）。

图 2-4

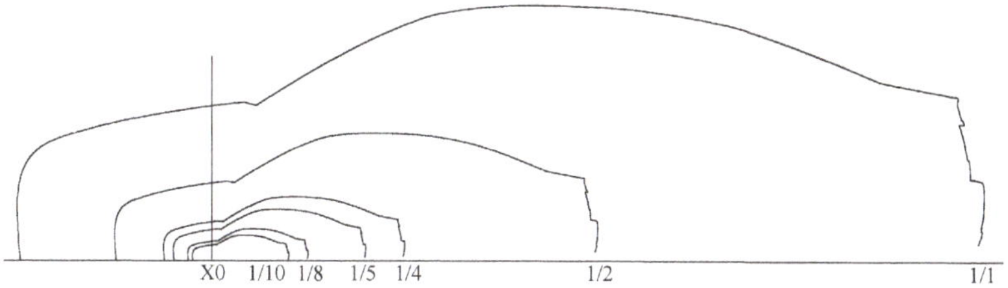

在设计和模型制作中比较常用的几种比例图

五、1 ：1 模型

模型又分内饰模型、外形模型，图 2-5 所示为 1 ：1 外形模型，图 2-6 所示为 1 ：1 内饰模型。

图 2-5

1 ：1 外形模型

图 2-6

1 ：1 内饰模型

六、展示模型

展示模型也叫仿真模型。图 2-7 所示这款仿真模型车是在普桑底盘上改型的，1998 年开始设计，1999 年 12 月开始仿真车制作，2000 年 6 月完成，历时半年有余。

图 2-7

2000 年完成的桑塔纳改型仿真车

七、模型的发展

（1）木制模型。在古代，人们就懂得怎样使用木制模型，如建筑宫殿，先做木制缩小比例模型，然后再放大。在铸造方面，先用木材做出模型，用砂子把模型托好，再把炼好的各种金属溶液倒入模型中，冷却后需要的造型就算完成了。古代人发明的这种方法被人们一直沿用至今。

（2）石膏模型。石膏是工业发展后的产物，人们用它做人体模型，在建筑及装修上也是使用比较广泛的材料。它的缺点就是硬化以后比较坚硬，在制作方面比较费力，而且污染严重，所以石膏模型的发展比较缓慢。

（3）油泥模型。在采用油泥制作模型之前，汽车模型的制作是由石膏或木料制成的。直到 1927 年，美国通用的设计师 Joseph Thompson（约瑟夫 · 汤普森）首次把油泥运用到汽车模型上，至此油泥开始进入了发展阶段。

1959 年日本首次引进美国生产的油泥，并且聘请美国油泥专家在日本生产油泥，从而使油泥在日本得到了长足发展。1981 年日本油泥开始国产化，并且研究出现在广泛使用的 J525 工业油泥。

由于油泥在造型时的方便及随意性，油泥模型因此得到了广泛应用。油泥模型不光应用在汽车行业，整个工业造型都离不开油泥，所有用油泥制作的模型都称之为油泥模型。

第二节　油泥模型的地位、艺术及正向开发

一、油泥模型在现代虚拟设计时代的地位

在科技水平高速发展的今天，虚拟现实技术已经运用到许多设计领域，制作油泥模型还有没有必要？我们可以利用各种高科技手段，设计出自己想要的图形，可尽管设计得很漂亮，但通过人的视觉器官总感觉不到那种立体的感觉。而油泥模型就不一样，造型师通过复制把平面两维数据，变成三维立体模型，让人能够感觉到真实车型的存在，通过分析修改，进一步设计出更加完美的车型。所以，油泥模型是运用高科技手段无法代替的一个环节。

二、汽车造型综合浅谈

（1）汽车造型不同于艺术造型，艺术造型有它的随意性，有时以材质构图来发挥天然造物的艺术美，有时用曲线来塑造器物的形体美。而汽车造型是以人机工程为中心，又有法规的严格控制，在众多条件的约束中去运用艺术手段创造形态美，这给设计师和造型师带来极大的挑战。

（2）在新车型开发中，比例模型制作是非常关键的。模型制作的依据是车身

外形三视图。也有人用效果图做模型，那是不科学的而且是没有结果的。因为三视图是外形设计师根据总布置，围绕人机工程、法规及草图的意念绘制而成的，三视图是数据与艺术的结合，是科学的。所以，制作模型一定要依照三视图的数据去制作，而效果图只能作为参考。

（3）造型是新车型开发中的重要环节之一。本书中大量阐述了三坐标控制理论及分层接近法，在制作中怎样使用三坐标来控制各部位数据，怎样使用分层接近法（分层接近法又分削减法和添加法）制作出真实的比例模型。比例模型为 1 ∶ 1 模型的制作奠定了基础。

（4）油泥模型不同于草图、三视图、效果图、Alias 工程建模，模型的制作是把平面数据变为立体的模型，更能让人的视觉感受一种立体的冲击力，为未来的新车型提供更好的修改意见。

三、车型正向开发流程

方案确定→总布置确定→草图绘制→车身外形三视图绘制→效果图绘制、模型制作、Alias 工程建模、内饰三视图设计。

四、流程解析

（1）方案确定。高层根据市场调研做出新车型的开发方案，内容包括车型确定、轴距和轮距的确定，还有详细的描述及对新车型的要求和特别提议。

（2）总布置确定。总布置工程师按照方案里的数据，做整体布置，整体布置完成（在做整体布置时最好让底盘工程师一起参加），经评审决定后再进行下一步。

（3）草图绘制由美工师完成。美工师应按照上述方案绘制与方案要求相符的车型，要求时代感强、有特点、方案多，经评审决定后进行下一步。

（4）草图评审决定后，由汽车设计师绘制汽车外形三视图，在绘制三视图时，也可以先绘制三视图草图，经评审后，再修改成正式图。在这里需要提醒的是，在三视图评审时，必须请法规专家、工艺师一起参加。

（5）三视图确定后，有四项工作可以同时进行。

1）效果图绘制。美工师可用软件，根据三视图绘制侧视效果图，用轴测方法绘制前后 35° ~ 45° 效果图。美工师在画效果图时，可根据车身特点设计前后灯、格栅及装饰条等，为新车配备饰件提前做出决定。

2）比例模型制作。这是新车型开发以来由二维平面第一次变成三维立体，也是把设计师的三维思想还原成三维立体的表现。对于正向设计，造型师在造型制作时，要严格按照三视图的数据精心制作，发现问题应和设计师共同商量。

3）三维建模师应根据三视图数据进行建模，建模数据比比例模型工程数据更加精确，为 1 ∶ 1 模型制作提供准确数据。

4）内饰三视图设计。因外形三视图提供了准确框架，内饰设计师应在外形图内设计内饰各种配件的准确尺寸。

五、解析总结

在开发流程里，每一步最后都提及到评审，每项的评审都需要专业人员参加。可是在实际上我参加过的一些开发并不是这样，一般是由各部门领导参加，这样就给每项流程的效果大打折扣。在我国有一个故事路人皆知，那就是伯乐相马，这个故事告诉我们一个事实，胸怀伯乐才，识得千里马。每项流程又都有每项流程的特殊性。每项流程要有每一项的“伯乐”，去识别每一个流程里的“千里马”，这样每一项流程里的“千里马”，就能为我们所用。

第三节　油泥模型制作程序

油泥模型制作程序（表 2-1）是作者按照模型制作时的顺序排列的，前面的几节制作顺序，不管是学习还是工作，这样的排列顺序大家还是不要打乱为好，在后边几节制作程序本来就是穿插进行，而作为书本的编写不得不把一个环节写完,再去进行另一个环节的介绍。在模型的制作中每个造型师都有自己的工作习惯，关于制作程序怎样穿插进行没有必要死搬硬套。

表 2-1　油泥模型制作程序

1：模型制作前三视图的会审及打印	13：台肩以上侧面玻璃窗的制作
2：小平台的布置	14：车身的制作
3：卡板的制作方法	15：发动机舱盖的制作（包括格栅及车灯）
4：样板和现场样板的制作方法	16：行李箱制作（包括牌照口）
5：比例模型骨架设计及制作	17：前后保险杠制作
6：骨架与平台的衔接	18：轮口及轮罩制作
7：坯胎的制作	19：模型构缝的方法
8：敷油泥的整个过程	20：模型倒角的方法
9：模型制作时怎样利用卡板	21：模型最后一遍精修过程
10：把 XYZ 方向的坐标线复制到模型上	22：比例模型车轮的制作
11：车顶的制作	23：后视镜的制作
12：制作前后风窗玻璃	24：门拉手的制作

第三章

模型制作前的准备工作

第一节　图样选用、审查、修改以及小平台的布置

一、三视图的选用

（1）图 3-1 是作者在以前创作的 1 ： 10 草图基础上用 CAD 绘制出来的，选用这张图有三个原因：

图 3-1

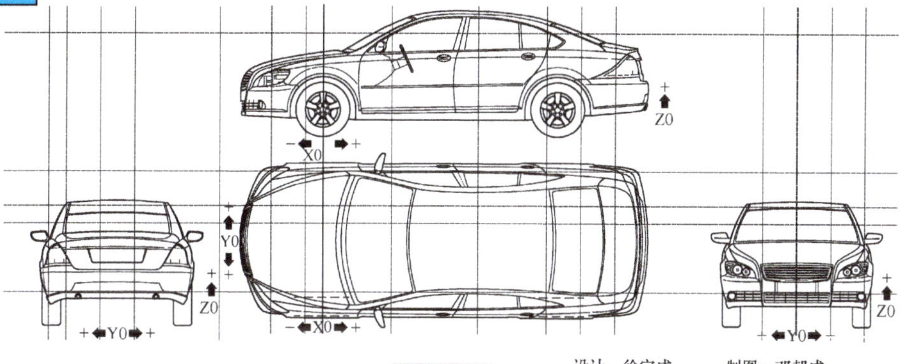

三视图

1）车型的时代气息比较浓。

2）作者在构思草图时充分考虑了人机工程和法规。

3）在设计车型时充分考虑了市场份额，是办公、家庭两用车。

（2）三视图审查及打印（图 3-2~ 图 3-7）。做模型前，设计师和造型师要进行一次三视图审查。审查的内容主要是设计师给造型师讲解设计理念，让造型师熟悉三视图的数据及各部位的要求。造型师在熟悉三视图后，可以提出三视图需要修改的部位，让设计师进行修改并提供不太明确部位的截面图及车窗玻璃半径数据等。

图 3-2

设计师和造型师正在审查外轮廓线

图 3-3

设计师用三合板做外轮廓样板

图 3-4

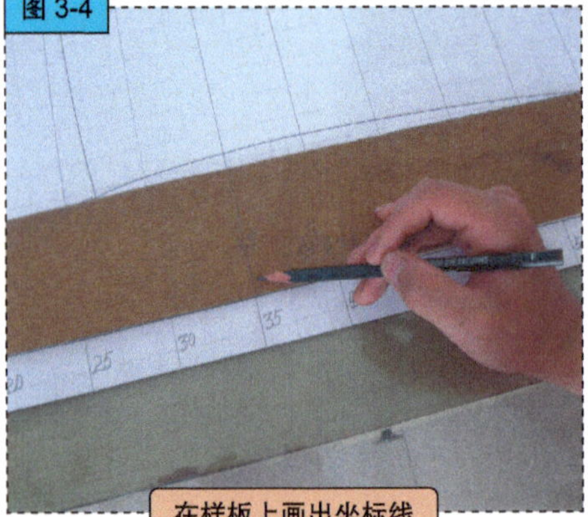

在样板上画出坐标线

图 3-5

用做好的样板修改外轮廓线

图 3-6

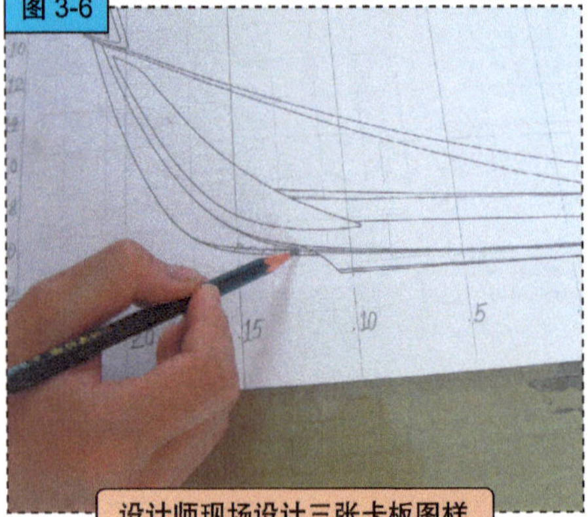

设计师现场设计三张卡板图样

图 3-7

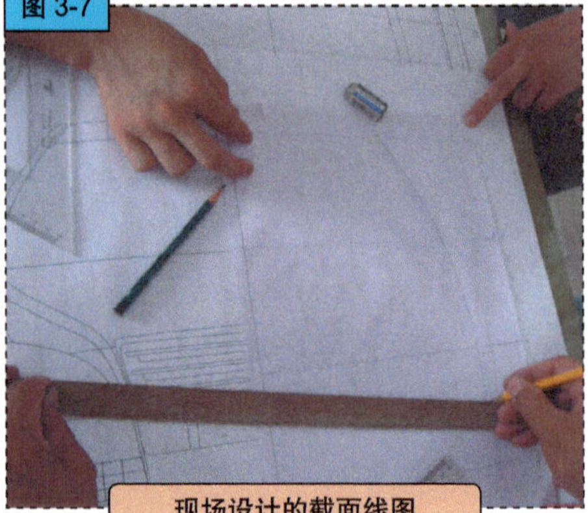

现场设计的截面线图

（3）设计师现场绘制截面图（图 3-8）。因三视图的主、后视图并不能反映车身的真实外貌，所以设计师要绘制出真实的车身线图，并提供车顶的一、二层样板半径数据，因这些数据在做样板时需要使用。

（4）三视图的打印。在打印时一般要打印三份：一份作为卡板；一份贴在现场的图板上，在制作时可以随时校对数据；一份在修改数据时使用，最终修改完成后可以存入档案库中。

图 3-8

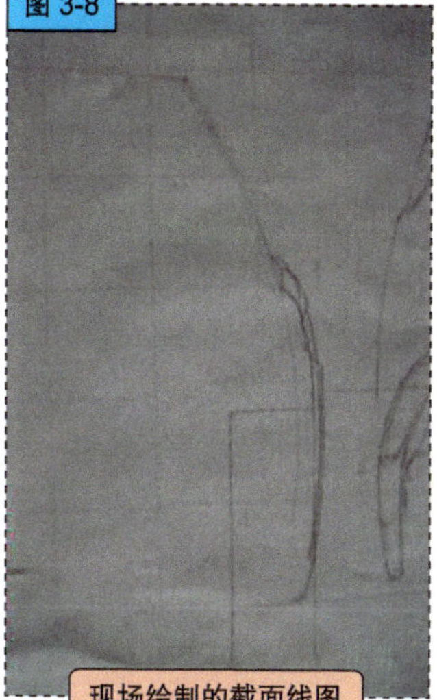

现场绘制的截面线图

二、小平台的布置

如果使用的是铸铁小平台，而且是带坐标线的，则采取如下的方式来固定俯视图。首先把打印好的俯视图放到平台上，让图纸在潮湿的空气中静置 5~6h，让图纸膨胀一下，拿一块事先准备好的三合板或纸板，把俯视图贴在板上，用剪刀或曲线锯锯开，用锉把四周修整好。记住要把四个轮子的位置去掉，把做好的俯视图板子对准平台的坐标线贴牢就可以了。贴图时用硅胶比较方便。

如果使用的是玻璃平台，操作步骤如下。

（1）把平台放稳定后，对平台进行校正，清洁好玻璃台面。把打印好的俯视图放在平台上展开，让图纸彻底膨胀（图 3-9）。

（2）把彻底膨胀的俯视图拉紧，记住在拉紧的同时，不要把图纸拉斜、拉皱，用透明胶带贴在平台的玻璃上（图 3-10）。

图 3-9

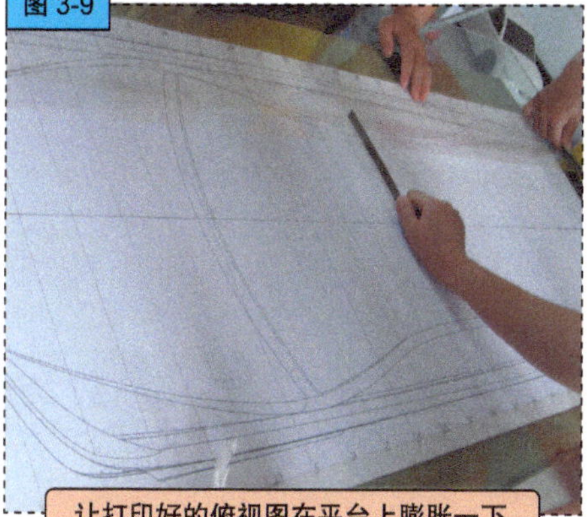

让打印好的俯视图在平台上膨胀一下

图 3-10

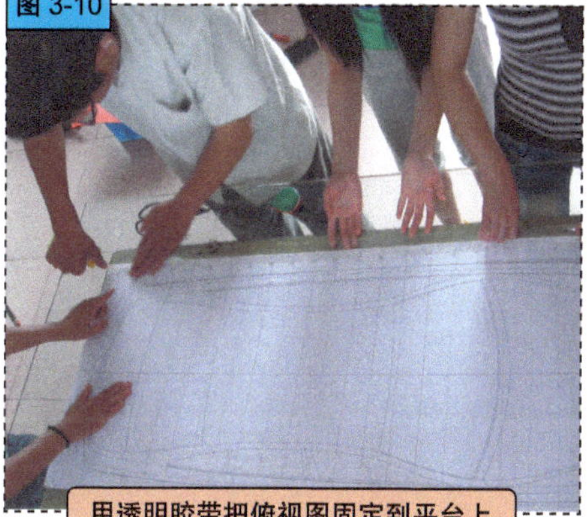

用透明胶带把俯视图固定到平台上

（3）把俯视图贴好后，就可以直接在平台上制作模型了（图 3-11）。

制作模型卡板时，首先要决定制作卡板的数量和位置，制作模型时用添加法还是削减法？方案定下来以后，在制作卡板时才能心中有数。作者在多年的模型制作中，总结出车身卡板的制作方法，是围绕

图 3-11

这就是布置好的小平台

车身外表面来制作的，卡板上不做细节。

第二节　卡板、样板的制作方法及技巧

一、一号卡板的制作方法

（1）一号卡板是车身侧视的外轮廓，定位于Y0线上，卡板上的X方向坐标线在制作模型时，对准平台上的坐标就可以了。在做一号卡板时，侧视图上的鸭尾式设计先不做在卡板上。如果带在卡板上一起完成，恐怕会影响行李箱及后尾的光顺性（这也是卡板不做细节的原因），所以要在卡板完成以后，用添加法来制作鸭尾的一部分。

（2）一号卡板制作过程。取一张打印好的侧视图图纸，把图纸平铺在KT板上，用双面胶把图纸和KT板粘好。在贴双面胶时，注意不要把双面胶贴在要划开的线上。

（3）卡板的一边要多贴几个点，特别是沿线的两边（图3-12）。

（4）将钢直尺顺着轮子下边线摆放，并用美工刀抵住钢直尺沿该边线裁开（图3-13）。

（5）用美工刀沿外轮廓线裁开，在裁开时把线留在卡板的一边，目的是留出修理的余量（图3-14）。

图3-12

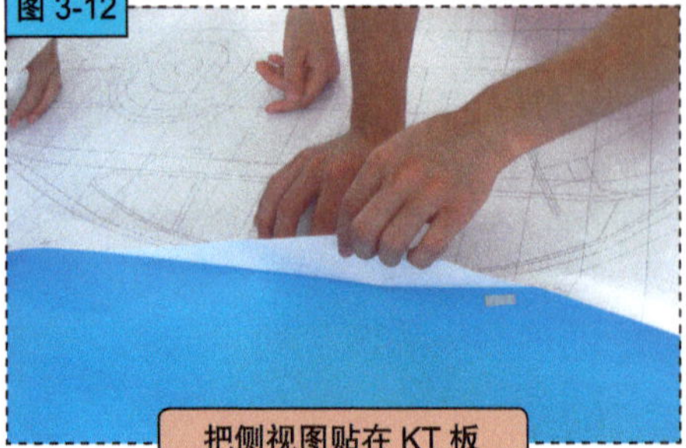

把侧视图贴在KT板

图3-13

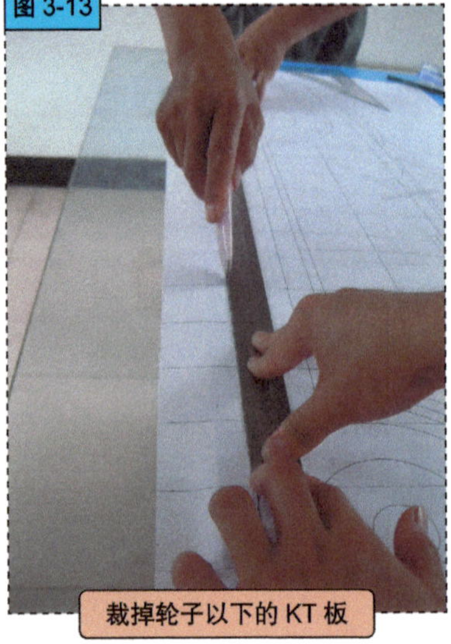

裁掉轮子以下的KT板

图3-14

用美工刀把样板裁开

（6）图 3-15 所示是已经分离出来的 1 号卡板。

（7）把划开的卡板放在平台上，用 100 号砂布裹在事先做好的样板锉上，来回打磨（图 3-16）。

图 3-15

裁出来的 1 号卡板

图 3-16

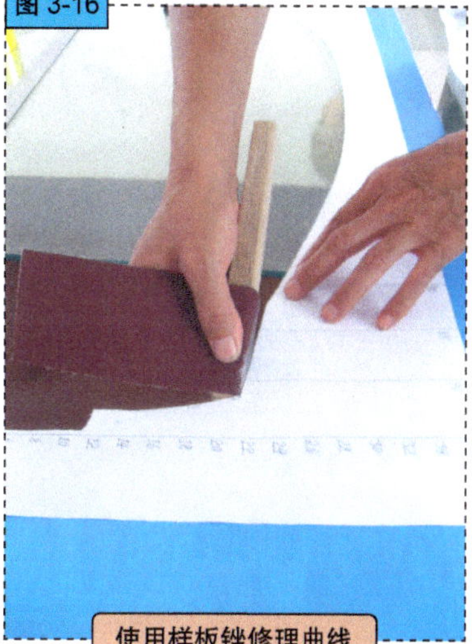

使用样板锉修理曲线

（8）在打磨时第一靠线，第二靠造型师的眼力，第三靠手中的样板锉。因为样板锉有一面是弧形，根据卡板曲线的大小，使样板锉转动不同的角度，这样熟练地使用工具，让工具帮助你把曲线打磨得更加光顺（图 3-17）。

造型师的眼力好坏直接关系到卡板的质量。这张卡板非常重要，要反复观察、反复打磨，直到满意为止。

（9）把卡板打磨好后，用铅笔把坐标数据号写好，一号卡板的制作就算完成了，找一平台把卡板平放在上边，卡板上再压上平整的板类物品就可以了。

图 3-17

用目测审查曲线

二、二、三、四号卡板的制作方法

（1）二号、三号、四号卡板是按照设计师提供的坐标所制定的。二号卡板位置是 X 方向坐标 100mm，Y 方向坐标 220mm；三号卡板位置是 X 方向坐标 400mm，也是车顶最高位置，Y 方向坐标 220mm；四号卡板位置是 X 方向坐标 700mm，Y 方向坐标 220mm。虽说这些数据是由设计师提供的，但是作为造型师来说，做卡板的顺序还是用主视图做二、三号卡板，用后视图做四号卡板。但是在卡板上一定要把坐标名称写清楚（图 3-18~ 图 3-20）。

图 3-18

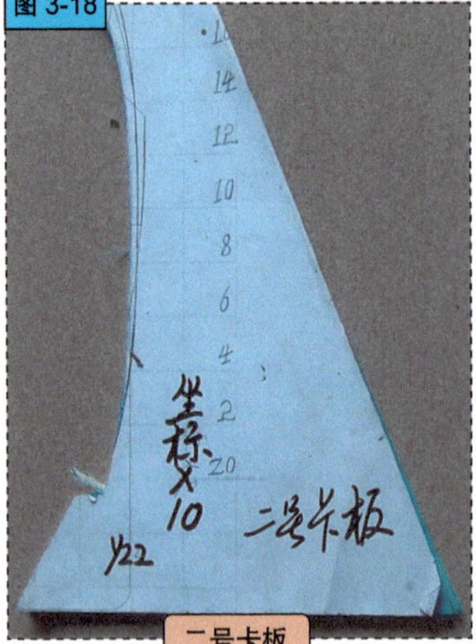

二号卡板

图 3-19

三号卡板

这三张卡板在制作时也不做细节，只是按照设计师提供的三张卡板截面图制作。关于车窗及车身的一些细节，在油泥按照卡板刮削好以后，再用添加法和削减法进行制作。

（2）把设计师给的截面图贴在 KT 板上，用针或比较尖细的东西，照截面图的线内折出一条线来，曲率半径小的地方做出来就规矩多了。如果不这样做，仅靠美工刀裁剪，曲率半径小的地方裁出来不会太规矩（图 3-21）。

图 3-20

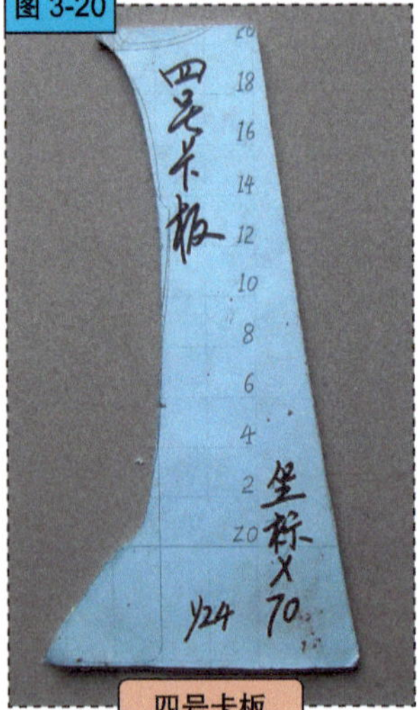

四号卡板

图 3-21

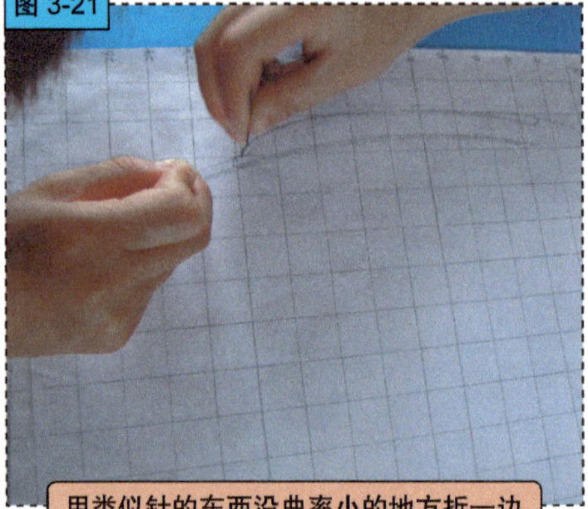

用类似针的东西沿曲率小的地方折一边

（3）拿钢直尺沿轮子下边线裁开。把裁好的卡板放在平台上，经过精心打磨后，侧面卡板就算完成了（图 3-22~ 图 3-23）。

（4）把做好的卡板放在主、后视图上验证一下，如果有问题再进行修整（图

3-24）。

图 3-22

把轮子线以下的 KT 板裁开

图 3-23

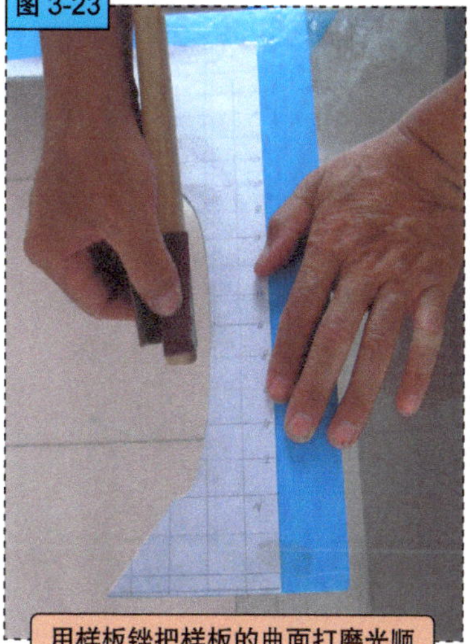

用样板锉把样板的曲面打磨光顺

（5）找一个平整的地方把做好的卡板放好，最好找一些平板类的东西压在上面待用（图 3-25）。

图 3-24

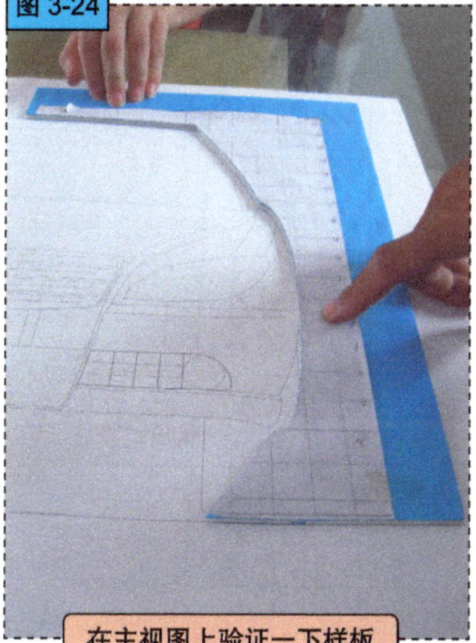

在主视图上验证一下样板

图 3-25

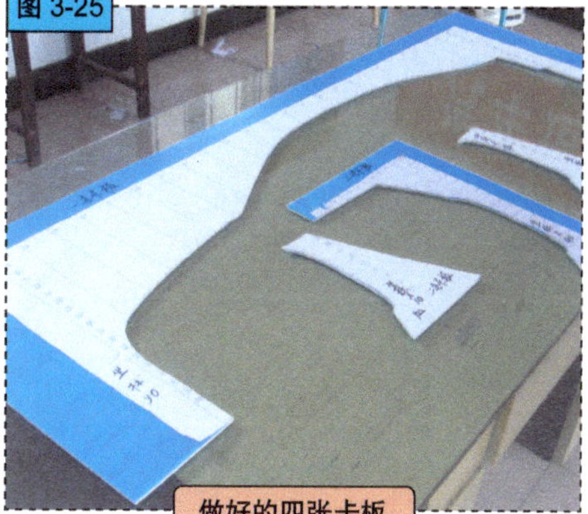

做好的四张卡板

三、轮口、轮眉、轮廓样板制作方法

卡板制作好以后，要进行样板制作。样板大致可分为三种：第一种是制作样板，制作样板一般指依靠数据做成的样板，这也是必须要做的样板；第二种是验证样板，这是模型某部位需要验证光顺性和曲线过渡时要做的一种样板；第三种是对称样板，这是模型两边需要对称时要做的样板。做样板是一项非常细致的工作，样板做好后要达到两个要求：数据要准确、曲线要光顺。制作的样板直接关系到模型的质量，没有高水平的样板，就制作不出一流的模型。

（1）轮口样板制作流程。拿一张准备好的纸板，在纸板上画上坐标线，把轮子中心点复制到纸板上，按轮口数据用圆规画在纸板上，按照侧视图轮口数据再放一下口。放口的意思就是说，轮口的圆不能与轮子半径一样。如果一样，轮口里边容易藏泥土或冰雪，影响车子正常行驶。所以轮口要超过中心线。放口的大小由设计师来定，造型师只能按照侧视图上的数据来放样（图 3-26）。

（2）底边最好用钢直尺等辅助，用美工刀裁下来，上边用剪刀沿线边剪开（图 3-27）。

图 3-26

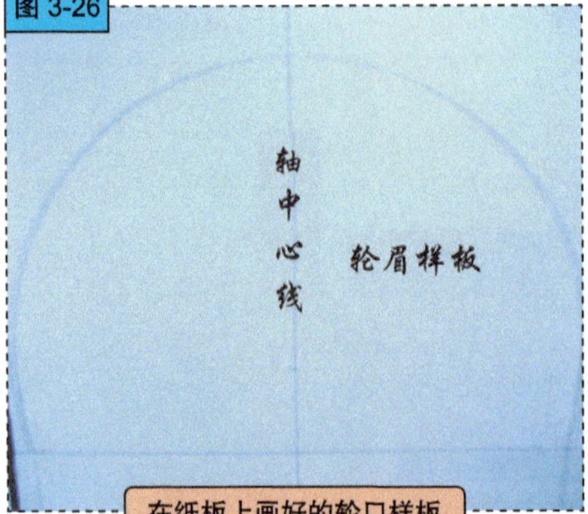

在纸板上画好的轮口样板

图 3-27

用剪刀沿线边剪开

（3）用样板锉裹上 100# 砂布打磨轮口样板，经过精心打磨，轮口样板就算做好了（图 3-28）。把做好的样板在底边剪一个小豁口，剪的方法是沿坐标线剪一条直线，另一边用不同角度剪成一个小尖角，这样做的目的主要是让样板正反面使用起来一样方便（图 3-29）。

图 3-28

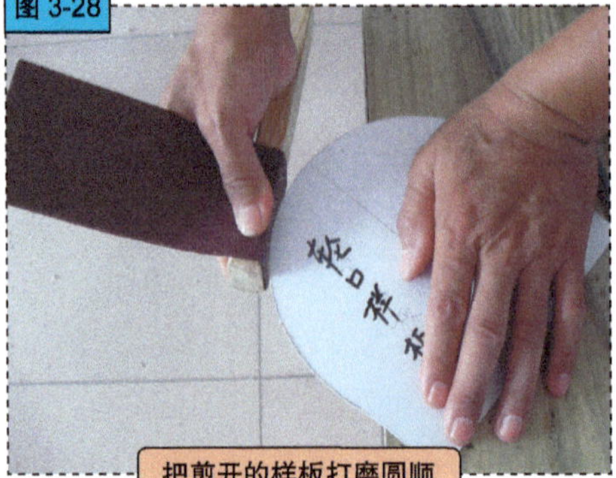

把剪开的样板打磨圆顺

图 3-29

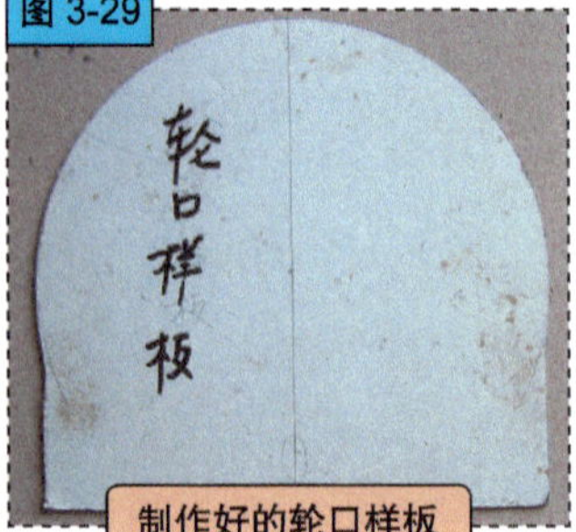

制作好的轮口样板

第三章

四、玻璃窗样板的制作

（1）图 3-30~ 图 3-32 这三张照片主要是台肩线以上侧面外围样板制作过程。按照设计师提供的截面半径数据，在纸板上放样（图 3-30）。

（2）拿剪刀沿线剪开（图 3-31）。

图 3-30

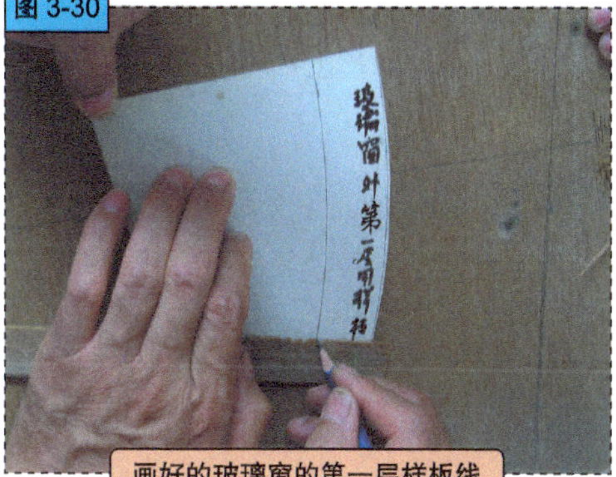

画好的玻璃窗的第一层样板线

图 3-31

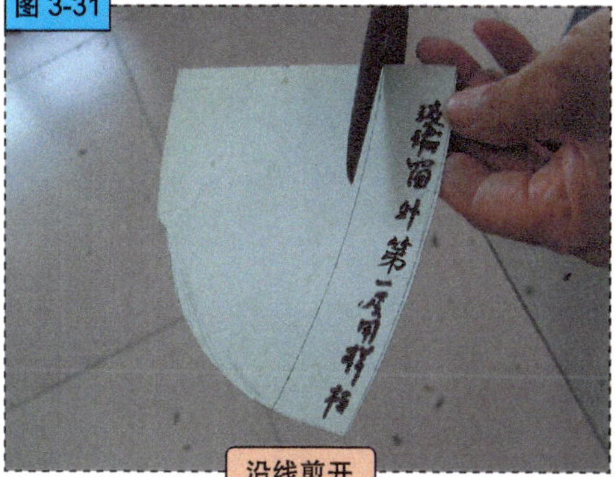

沿线剪开

（3）用样板锉在修整样板时，一定按照弧线修整（图 3-32）。

图 3-32

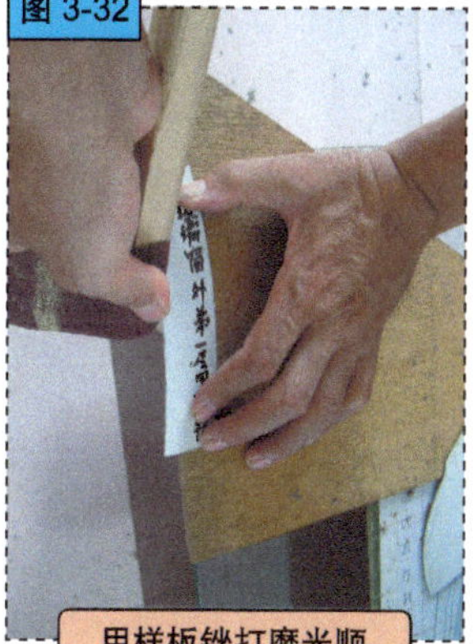

用样板锉打磨光顺

五、验证及对称两用样板的制作

像车窗玻璃样板、轮口样板以及车顶一、二层样板等，只要有曲率半径数据的部位都可以在制作模型之前把样板做出来。为什么会产生第一层样板和第二层样板？因为我们用的是分层做法，车顶也一样。前面讲的全是有数据制作的样板，下面讲一讲在模型制作中没有数据时需要做的样板。

为什么模型制作已经完成还要做样板呢？油泥模型现在完成的部位，全部是按照三视图的坐标点完成的。用工具制作出的油泥表面曲线效果，要想达到高水平是不可能的，还要借助样板来实现。验证及对称样板的制作流程如下。

（1）模型的台肩线、车窗外表面、车窗顶边梁油泥已制作完成（图 3-33）。

（2）剪一块纸板略比侧窗面大一点，让纸板贴在模型上，看看台肩和纸板底边是否吻合（图 3-34）。

（3）如果不够吻合再进行修理（图 3-35）。

（4）吻合以后一定要把坐标线画好（图 3-36）。

（5）现在来做样板上边。让样板上的坐标线对准模型上的坐标线，让样板贴在模型上，用铅笔把线画在样板上（图 3-37）。

图 3-33

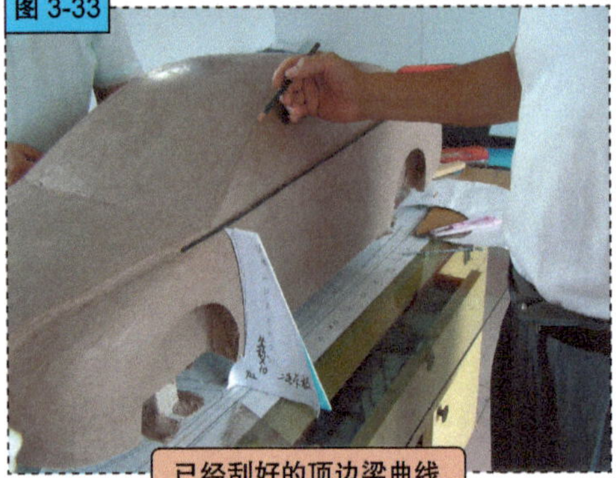

已经刮好的顶边梁曲线

图 3-34

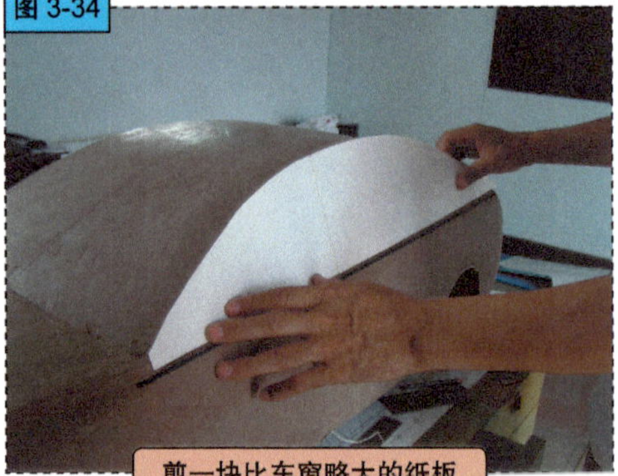

剪一块比车窗略大的纸板

图 3-35

修理底边

图 3-36

给样板画上坐标线

（6）用剪刀沿线剪开（图 3-38）。

图 3-37

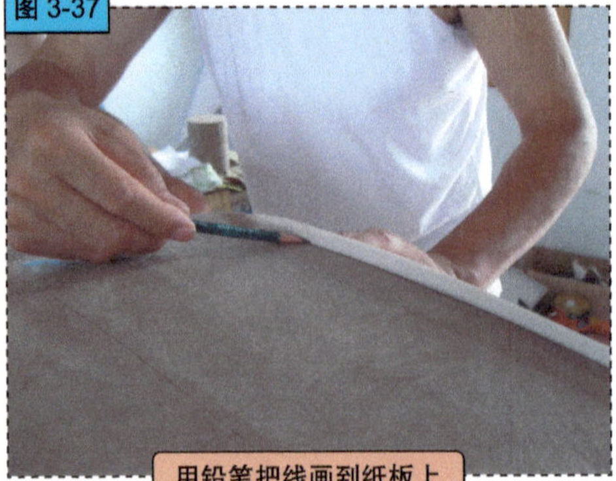

用铅笔把线画到纸板上

图 3-38

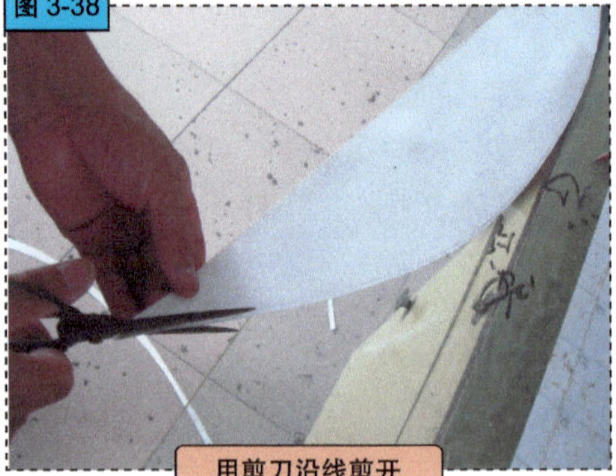

用剪刀沿线剪开

（7）用样板锉精心修整（图 3-39）。

（8）把修整好的样板对准坐标线靠在模型上，模型车顶两边棱线进行第二次修整，经过二次修整的两边棱线线条更加光顺（图 3-40）。

这里提醒大家，不要用侧视图上的这个部位贴在模型上来制作车窗玻璃，因为车窗玻璃一般是弧形的。若把平面的图纸贴到弧形上，图纸上的数据会缩小，这样做出的模型数据是不准确的。

图 3-39

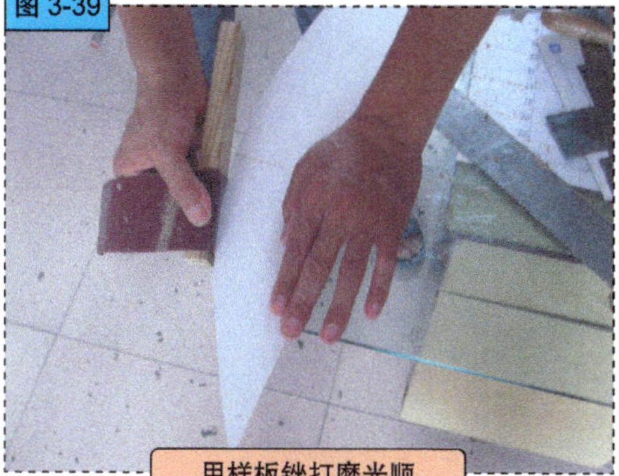

用样板锉打磨光顺

图 3-40

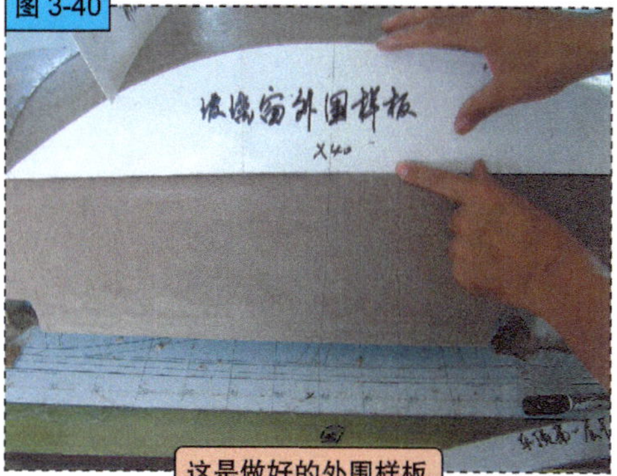

这是做好的外围样板

（9）如图 3-41 所示，模型顶上放有四张样板，四张样板里只有一张样板是用设计半径数据放出来的，其余样板是用逼近法做出来的。为什么会产生这样的样板？这要从模型制作说起。在制作车顶时，最顶端部位有半径数据样板，这个部位能够做得很圆顺。但是往前往后包括前后风窗玻璃的样板，按照侧视图和俯视图的数据算出来非常麻烦，而且在验证模型时，样板必须跟验证面保持 90°，所以造型师在制作样板时，直接走一捷径，下边介绍验证样板的做法。

图 3-41

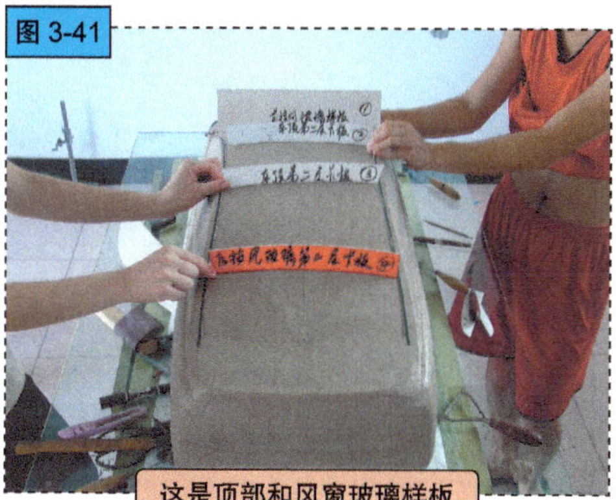

这是顶部和风窗玻璃样板

拿一块纸板直接用剪刀剪一个类似验证部位的弧形，放在验证部位看看弧形大小是否吻合，如不够吻合再用剪刀进行修整，直到修整得差不多时，再用圆规按照弧形半径画上线（用圆规画线的目的是保证模型的圆顺），用剪刀剪开，再用样板锉精心修整，验证样板就算做好了。

（10）图 3-42 是造型师在做车门缝样板。先将侧视图门缝的数据移植到模型上，拿一张纸板，按照门缝线的数据点剪出来，用样板锉精心打磨一下，画上坐标线，这样门缝样板就算做好了。在勾门缝时，把样板找准坐标线牢牢按在模型上，不管用三角油泥刮刀还是倒缝槽刀，靠住样板，勾出的缝既光顺又对称。如果直接贴胶带刮门缝可能要出现两种不满意情况：①两边门缝不对称；②勾出的门缝不十分光顺。

（11）图 3-43 所示样板在制作时非常难。按照俯视图做出来的样板，如果台肩是直的，这张样板就是对的；如果台肩向上或向下有弧度，严格讲这张样板就不十分准确，这时应该找设计师做出比较正确的样板。这张纵向样板在使用上也

第三章

比较特别，应该让设计师告诉造型师使用的方法，是根据台肩线的斜度均匀上升来使用，还是根据控制线平行使用。

图 3-42

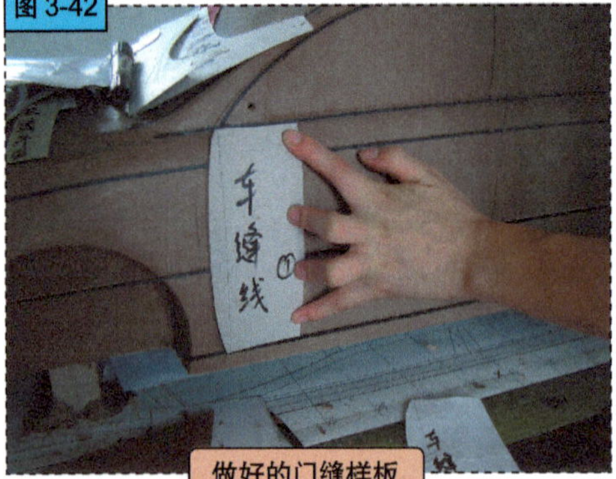

做好的门缝样板

图 3-43

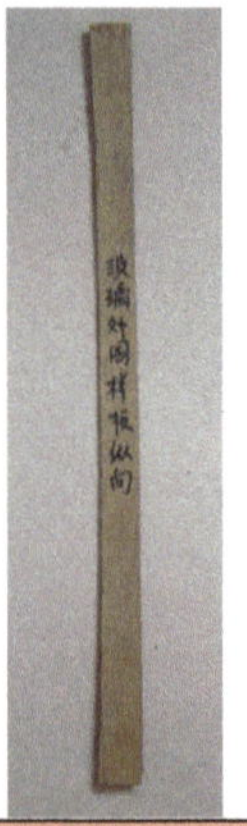

用三合板做的玻璃窗外围样板

第三节　比例模型骨架的设计与制作

一、怎样制作比例模型骨架

（1）如图 3-44 所示，如果用聚氨酯泡沫做模型，就不需要再做骨架。因为聚氨酯泡沫密度大，本身抗拉、抗压性能都很好。而且规格也比较大，不够大还可以用双组分专用胶粘接。粘接以后非常坚固，可以直接当骨架使用。下面的托衬用聚氨酯泡沫也行，用木料也行。

图 3-44

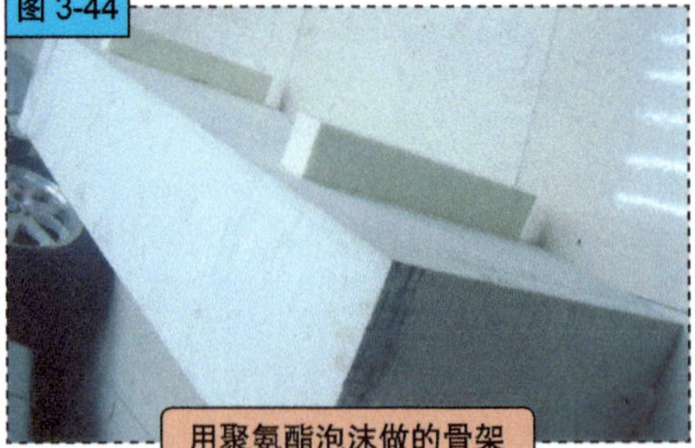

用聚氨酯泡沫做的骨架

（2）如果用聚氯乙烯泡沫，就必须做一个骨架（图 3-45）。因为聚氯乙烯泡沫本身比较松软，表面难以制作平整，所以做一个骨架比较稳妥。找一块细木工板或多层板，用锯子裁成所需要的尺寸。长度是侧视图保险杠底边长度，骨架每边各短 15mm；宽度是车身截面图的宽度，骨架每边各窄 15mm。裁好骨架后，用墨斗或钢直尺从中间画一条线，画出前后轴中心线，按照轮距画出轮子的位置，用锯把轮子的

图 3-45

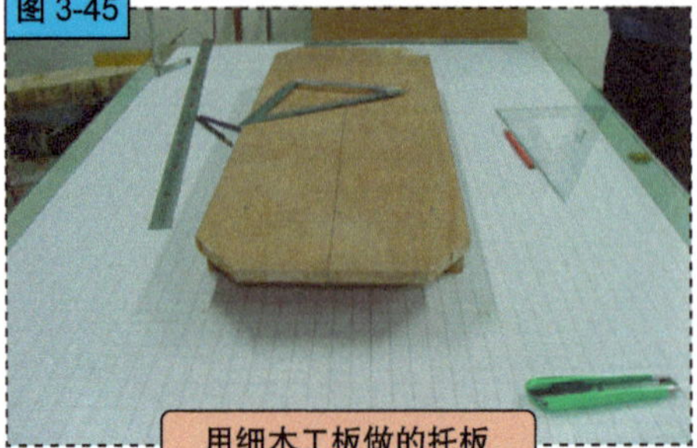

用细木工板做的托板

位置裁出来。再做两根托衬，托衬的高度是侧视图上的车身离地间隙的高度再加高出 10mm，托衬厚度一般取 30~40mm 就可以。如果觉得高度还不太够，可以再把骨架的下边两头往上刨一刨。把两根托衬用胶或螺钉固定到前后轴中心线上，把中心线移植到托衬上，把骨架放到平台上比照一下，看看两根托衬是否平行。如果不够平行，一定要修整好（图 3-46）。

图 3-46

安装好托衬的托板下面

对准平台上的 Y0 线有骨架的这样做，不需要骨架的，做法和有骨架相同，也是要把各种坐标线复制到托衬上，这样才能和平台上的坐标线对上。

二、骨架与平台坐标线位置的衔接

（1）骨架做好以后，把骨架放到平台上，让骨架上的 Y 方向零线（Y0 线）对准平台上的 Y 方向零线（图 3-47）。

图 3-47

把骨架的 Y0 线对准平台上的 Y0 线

（2）托衬的中心对准 X 方向零线（X0 线），也就是前后轴线，对准后，在四个托衬端头，按照俯视图上的坐标线，给端头画上坐标线（图 3-48）。

（3）这样一来有六个坐标线相照，就不怕骨架来回活动，如果需要，对准坐标线就可以了（图 3-49）。

现在还不能固定，因为还需要搬下来制作坯胎。一定时间后再固定。

图 3-48

把托衬两端画上线

图 3-49

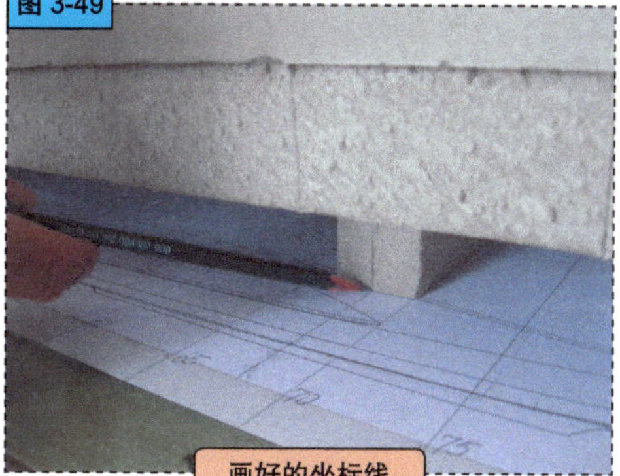

画好的坐标线

第四节　比例模型坯胎的制作方法

一、坯胎的制作方法

常用的坯胎有四种：聚氯乙烯保温板、聚氯乙烯泡沫板、聚氨酯泡沫块、木架。

（1）如果没有大块聚氯乙烯保温板，可选好一些小块保温板，涂上胶一层一层粘，在粘的过程中可以利用卡板比照一下，以免粘得过大或过小，粘好后就可以进行下一步工作了（图 3-50）。

图 3-50
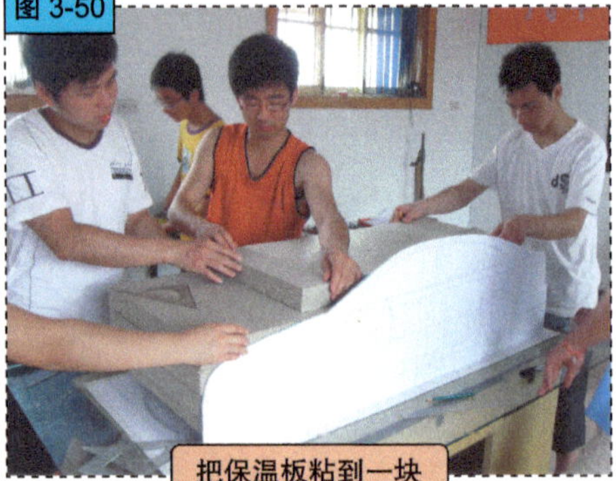
把保温板粘到一块

（2）如果用的是大块聚氨酯泡沫板，拿卡板比照一下，如果不够大，再粘接一下，做法同上（图 3-51）。

（3）坯胎可以用木料做成，这种骨架制作难度非常大，非木工技工不可为。因木质坯胎和模型尺寸差距较大，应用腻子粉或石膏来填补，以达到模型坯胎所需要的尺寸（图 3-52）。

图 3-51
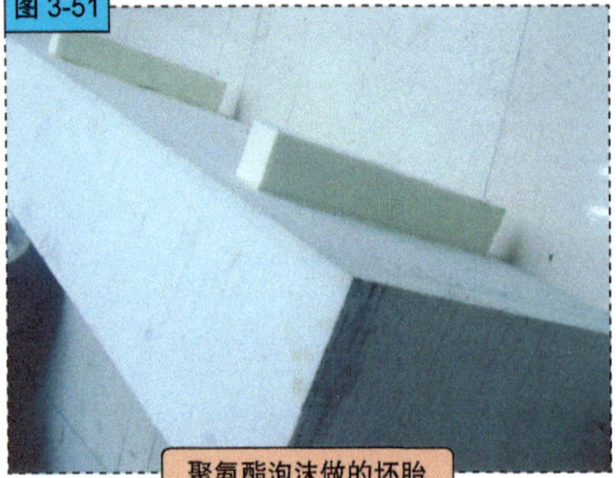
聚氨酯泡沫做的坯胎

图 3-52

用木料做的骨架代替坯胎

二、怎样制作出合格的坯胎

坯胎做法很多，不管用什么材质的材料，坯胎的做法和理论基本相同。

（1）依照样板在坯胎上画上轮廓线（图 3-53）。

（2）沿坯胎四周开始切削，在切削时根据材质不同选择工具也有所不同（图 3-54）。

（3）拿出事先准备好的卡板找准平台上的坐标线来验证坯胎的大小。对于一般面层，油泥厚度应保持在 8~12mm，转角处油泥厚度应保持在 12~20mm，这些数据也就是卡板跟坯胎的间隙（图 3-55）。

图 3-53
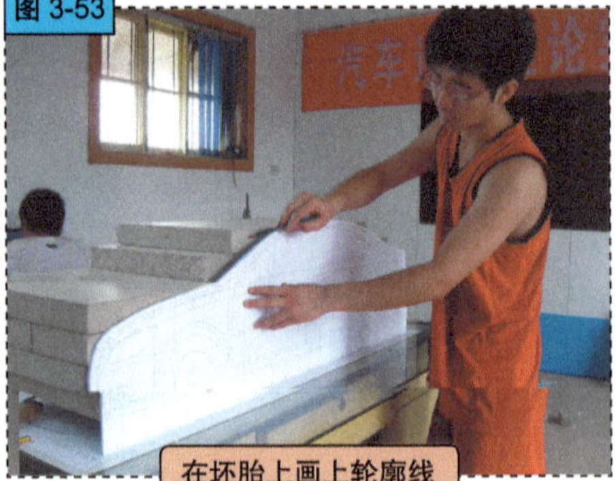
在坯胎上画上轮廓线

（4）坯胎上细节部位应用木锉进行处理（图 3-56）。

图 3-54

开始切削坯胎

图 3-55

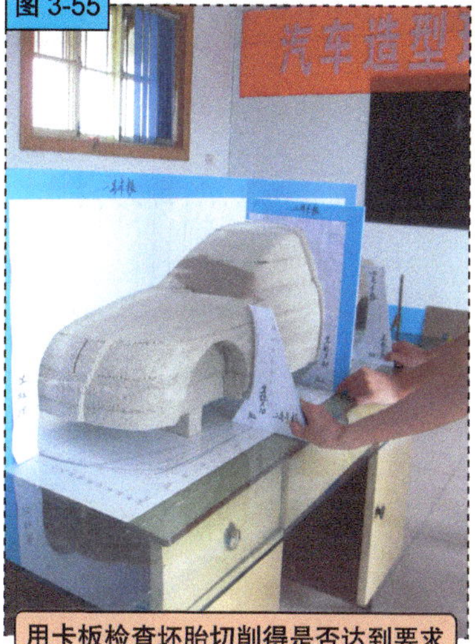

用卡板检查坯胎切削得是否达到要求

（5）挖出轮子的部位。首先要把坯胎上的坐标对准平台上的坐标，把轮口样板上的坐标线对准平台上的坐标线，把样板靠在坯胎上，用铅笔沿样板把线画在坯胎上（图 3-57）。

图 3-56

细节部位用木锉处理

图 3-57

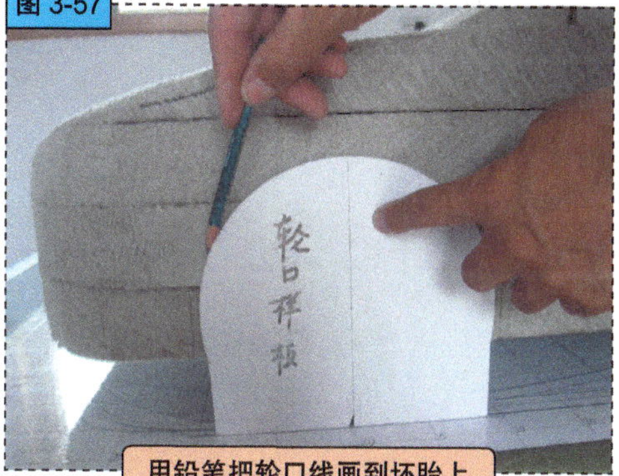

用铅笔把轮口线画到坯胎上

（6）在画好的线外围再画上一条线，间隙保持在 5~8mm，这个数据是给敷油泥留出的空间（图 3-58）。

（7）四个轮口画好后，把坯胎反转过来，搬到工作台上进行挖轮口，用刀锯照画好的线慢慢往深处锯，感觉锯够大就可以，四个轮口做法相同。再把坯胎反转过来，用很窄的锯条沿轮口外边线慢慢把这块锯下来（图 3-59）。

图 3-58

轮口外围再画一条线

图 3-59

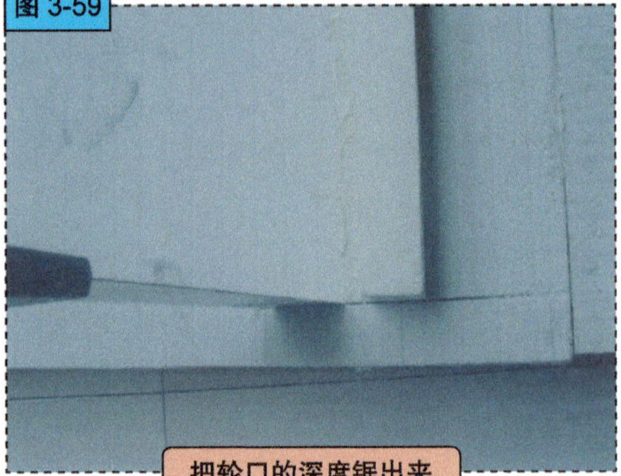

把轮口的深度锯出来

（8）这是锯好的轮口（图 3-60）。

（9）把后尾的牌照口也要挖出来（图 3-61）。这样整个坯胎就算完成了。

图 3-60

按外围线把轮口锯出来

图 3-61

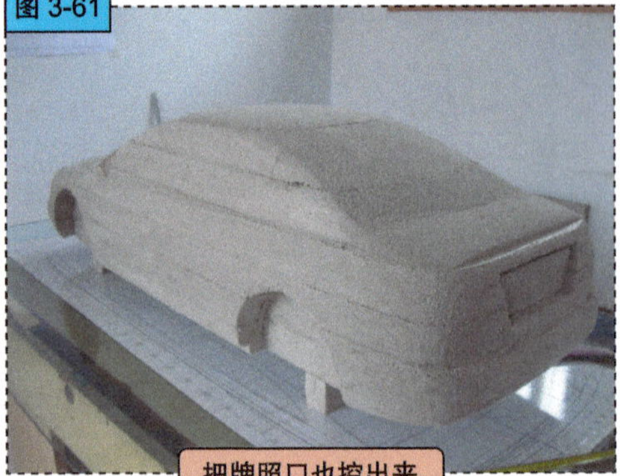

把牌照口也挖出来

第四章

汽车比例模型油泥模型制作实例

第一节　敷油泥的整个过程及坯胎与平台的衔接

把清理好的坯胎搬回到平台上，先不要完全固定住，现在就可以敷油泥了。在敷第一层油泥时，如果用的坯胎是聚氨酯的，用一般常用的油泥就可以了；如果坯胎是聚氯乙烯的，敷第一层油泥时使用的油泥要比通常用的软一点，因为聚氯乙烯泡沫比较软，软一点的油泥才可以使两者结合到一起。

一、怎样敷好第一步油泥

（1）可以参照图 4-1、图 4-2 这两张图。在敷第一层油泥时，使用的油泥要比通常用的软一点。开始敷油泥时用大拇指推过去，推的时候用劲让油泥紧紧贴在坯胎上，然后用食指把油泥收回来，收回油泥时要把毛边收平顺。

图 4-1

用大拇指把油泥推过去

图 4-2

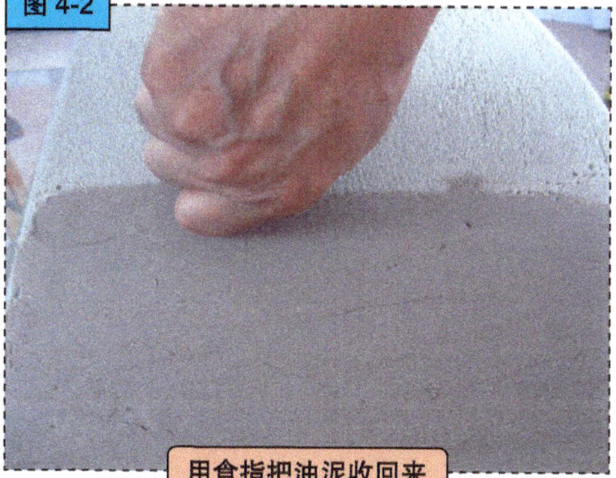

用食指把油泥收回来

敷第一层油泥的要求是紧而全，“紧”是让油泥紧紧结合在坯胎上，“全”是让油泥把整个坯胎覆盖完。在油泥敷完一层之后，要把平台上的油泥碎渣及泡沫浮尘全部清理干净，以备油泥回收再利用。

（2）把平台清理干净之后，把坯胎对准坐标，先把底边敷好，之后把侧视图离地间隙的数据复制到模型的两边上。把坯胎反转过来，再把底边油泥修理一下，最好补一下靠里边的油泥，让油泥紧紧贴在坯胎上（图 4-3）。

（3）用直角刮刀把油泥刮到画线的位置（图 4-4）。

图 4-3

补一下靠里边的油泥

图 4-4

用直角刮刀把油泥刮到画线位置

（4）然后把卡板上底边宽度的数据复制到模型的底边上。复制的方法是，按照坯胎上的 Y0 线用尺子把数据复制到两边，用钢直尺按数据点画出线来（图 4-5）。

（5）用直角刮刀或刮板也把油泥基本刮到位（图 4-6）。

图 4-5

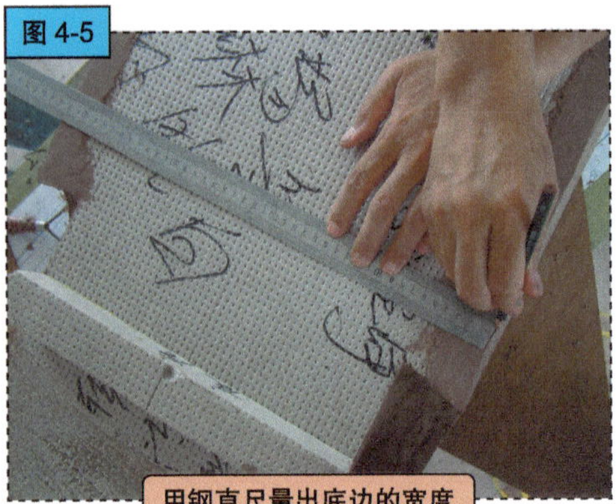

用钢直尺量出底边的宽度

图 4-6

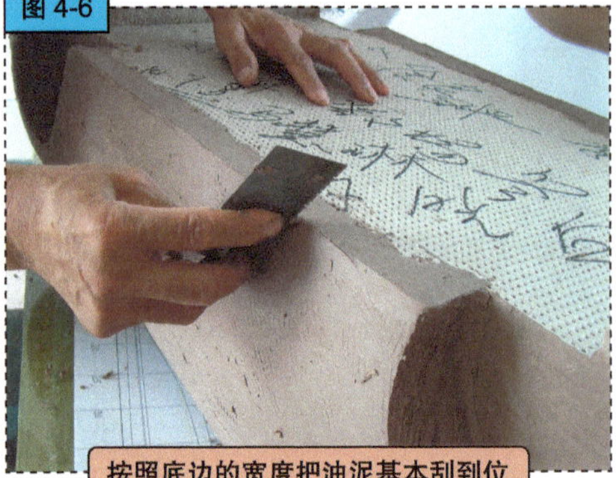

按照底边的宽度把油泥基本刮到位

二、怎样把坯胎固定到平台上

可以把模型反转过来固定。让反转过来的模型上的坐标对准俯视图上的坐标，拿点烤好的油泥，把每一个托衬的端头固定好。在固定时，最好让端头上的坐标线和俯视图上的坐标线露出来（图 4-7、图 4-8）。不同的平台，可以用不同的方法、不同的材料来固定坯胎。

图 4-7

用油泥固定住托衬端头

图 4-8

坯胎上的 Y0 线和平台上的 Y0 线

三、怎样把油泥敷到位

（1）坯胎固定好以后，拿出事先准备的卡板，对准坐标位置，将铁钉插在坯胎上，这样做的目的主要是标出需要敷的油泥厚度，钉子间距也不要太小，50~60mm 即可（图 4-9~ 图 4-11）。

图 4-9

用钉子把油泥的厚度标出来

图 4-10

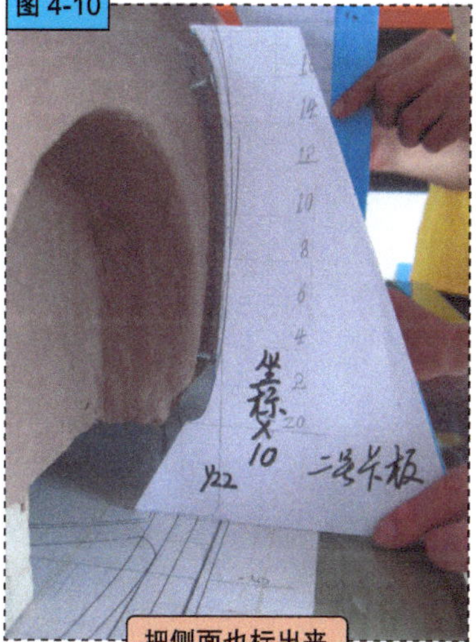

把侧面也标出来

（2）在敷油泥的过程中难免会敷得凹凸不平，故需要用直角刮刀或带齿的刮板随时进行修整。在刮削时，不要顺一个方向一直刮削，要从多方向交叉进行刮削（图 4-12~ 图 4-13）。

图 4-11

全部标好厚度的模型

图 4-12

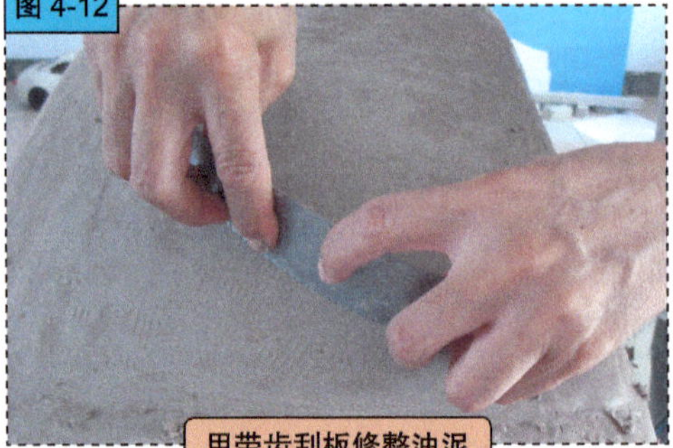

用带齿刮板修整油泥

（3）在敷油泥过程中，轮口也是值得注意的地方，要用轮口样板经常比一比，如果有敷偏的、敷多的地方用刮刀刮一刮，敷得不够的地方要随时补上（图 4-14）。

图 4-13

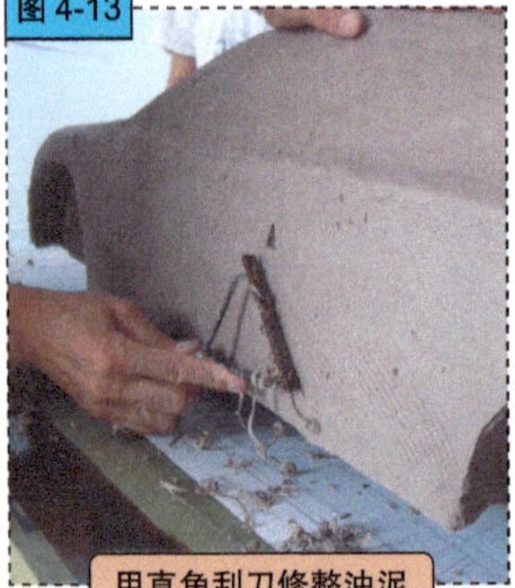

用直角刮刀修整油泥

图 4-14

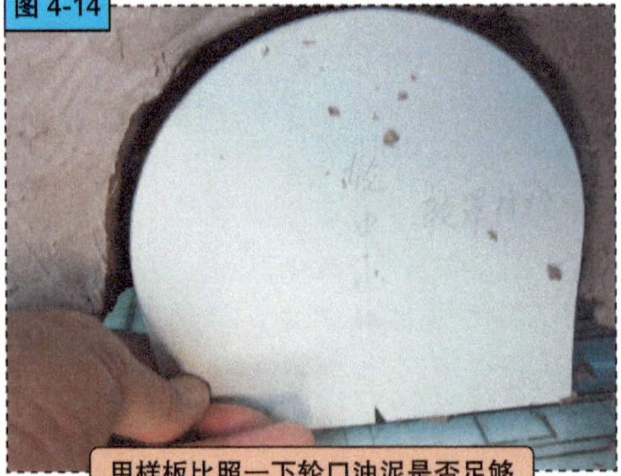

用样板比照一下轮口油泥是否足够

（4）用一号卡板比照一下模型前后和顶部，用三号卡板比照一下侧面，看看油泥敷得尺寸是否合适，如图 4-15、图 4-16 所示。

（5）转角处用不上卡板怎么办，拿三角板与平台上的俯视图的转角处比照一下，看一看尺寸是否合适（图 4-17）。

图 4-15

用一号卡板比照一下前后和顶部

图 4-16

用三号卡板比照一下侧面

图 4-17

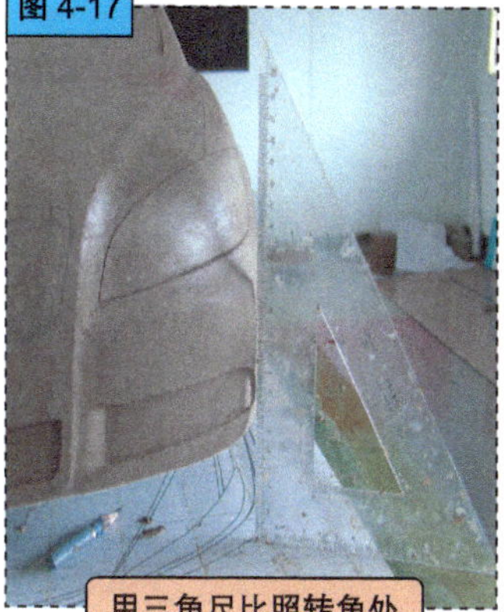

用三角尺比照转角处

第二节　怎样利用卡板及控制坐标制作模型

一、运用卡板制作模型的一些方法

（1）油泥敷完后，下一步就是制作环节。模型制作到底应从什么地方开始？以作者多年的工作经验，总结出油泥模型制作的基本顺序。该顺序也并非是固定的模式，在制作时每个环节还需穿插进行，但是第一个环节，还是从前面 Y 方向零点刮到车后边的 Y 方向零点（也就是整个模型的中心部位）。在油泥刮削时应不断用卡板比照，比照时卡板上的坐标要对准平台上的坐标。第一看卡板和油泥的吻合情况；第二看卡板底边离平台的距离，如果距离较大，还需继续刮削，用铅笔在油泥高的部位做上记号，这样刮削时也会心中有数（图 4-18、图 4-19）。

图 4-18

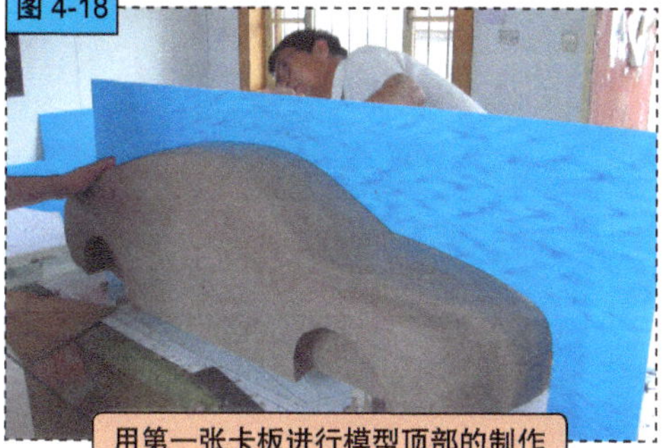

用第一张卡板进行模型顶部的制作

图 4-19

检查卡板和油泥的吻合情况

（2）用直角刮刀或带齿的刮板刮得差不多时，可改为刮板刮削（图 4-20、图 4-21）。

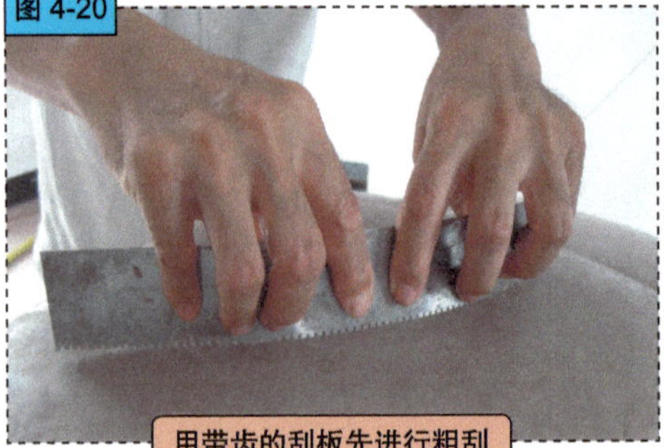

图 4-20 用带齿的刮板先进行粗刮

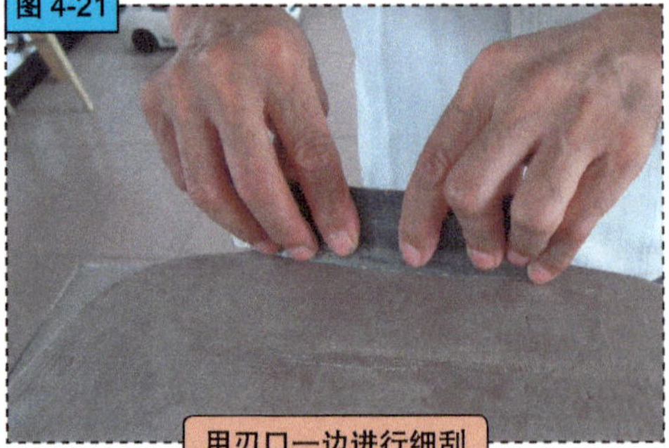

图 4-21 用刃口一边进行细刮

（3）提示：发动机舱盖、前后风窗玻璃、车顶、行李箱两边等，这几个地方先不必认真处理，按照侧视图上的尺寸，用高度尺把尺寸复制到模型上，用直角刮刀或刮板大致控制一下（图 4-22~ 图 4-24）。在多次刮削以后，第一要看卡板和模型的吻合情况，第二要看卡板的前后与平台的间隙（卡板与平台的间隙主要是控制车身高度）。

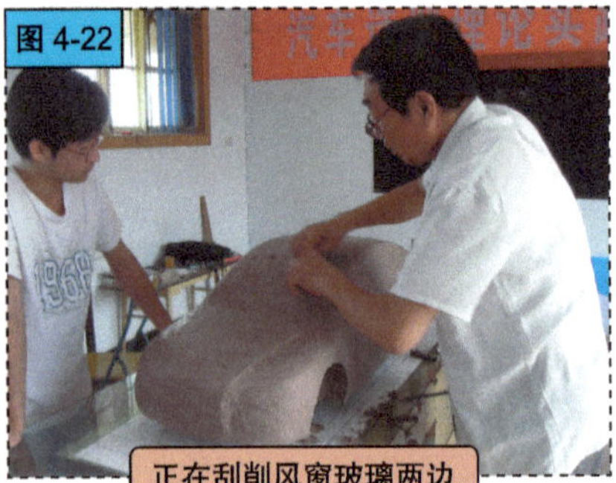

图 4-22 正在刮削风窗玻璃两边

图 4-23 正在刮削行李箱两边

图 4-24 正在刮削发动机舱盖

（4）把一号卡板放在模型的中心上，检查卡板和模型的吻合情况，如不十分吻合还需继续刮削（图 4-25）。

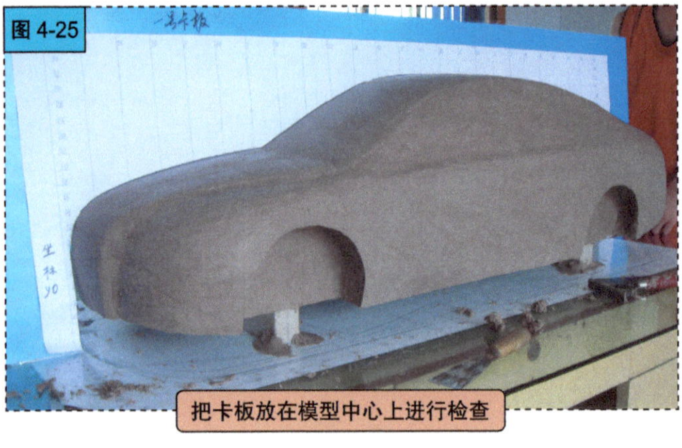

图 4-25 把卡板放在模型中心上进行检查

（5）经过多次刮削，卡板和模型全部吻合，而且卡板前后两端底边距平台间隙应为 0.5~1mm（图 4-26）。为什么第一张卡板的部位要求这么严格？这个部位也就是模型的中心部位，如果把中心线画到模型上，这个部位一般情况下是不会再来刮削的，所以这一次刮削要求就非常严格。

图 4-26

进行多次检查多次修整

二、怎样把 XYZ 坐标线复制到模型上

在没有三坐标画线臂的情况下，要想把坐标线准确地复制到模型上，也是一项非常复杂的工作。下面有几种方法供大家参考。

（1）把 Y0 线（模型纵向中心线）复制到模型上。首先复制的是 Y 方向零线，拿两个直角尺或丁字尺，对准 Y 坐标零点放在平台上，直角尺底边随 X 坐标线放正，直角尺高度要超过模型高度（图 4-27）。

（2）拿一根线绳靠在尺子的直边上，两头拉紧后往下滑动线绳，等线绳挨到模型上时，就用铅笔做上记号，线绳一直下滑，用铅笔一直做记号，记号要做成点，且点越小越好，点的间距为 50~60mm 就可以（图 4-28~ 图 4-30）。

图 4-27

把直角尺对准坐标放在平台上

图 4-28

拿一根线绳靠在直角尺上

图 4-29

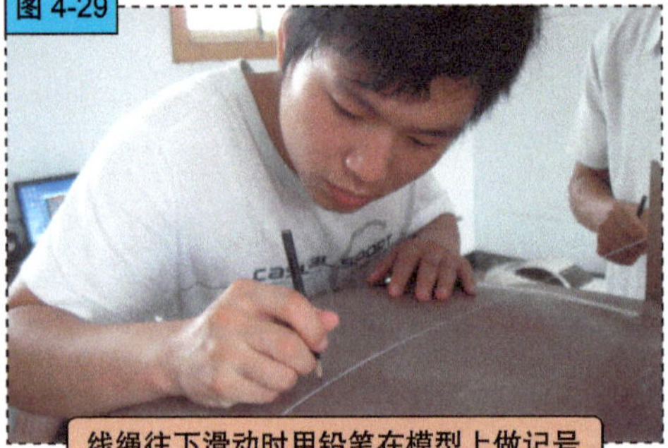

线绳往下滑动时用铅笔在模型上做记号

图 4-30

做记号时要求要准确

（3）前后风窗玻璃下边做不出怎么办？把直角尺或丁字尺放到车身两边 Y 方向的坐标线上，把俯视图上的数据量到模型的中心上。为了准确起见，要两边校正一下。定好中心点以后，拿一块长刮板或纸板，板边一定要直。板和线一定要找准确。如果中间能罩上、两边罩不上怎么办？拿一点油泥把另一面垫一垫，板和线自然就可以重合在一起。把板安放好以后，用三角油泥刮刀靠紧板边，轻轻地刮上两三次，要求这条线的深度要深一点，因为这条线一直要保留到最后，直到最后精刮前才会填上（图 4-31~ 图 4-33）。

图 4-31

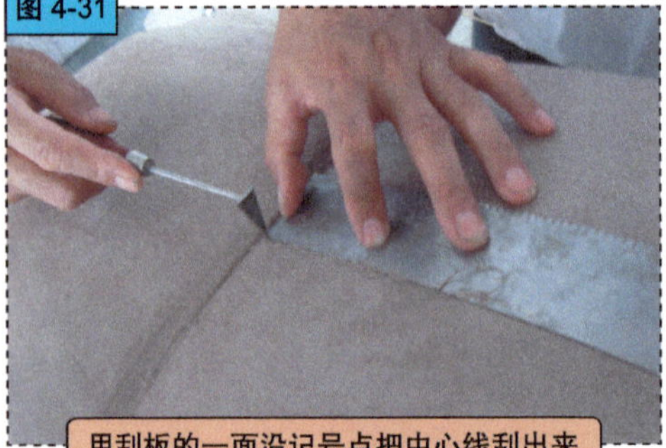

用刮板的一面沿记号点把中心线刮出来

图 4-32

刮中心线时保持三角油泥刮刀角度

图 4-33

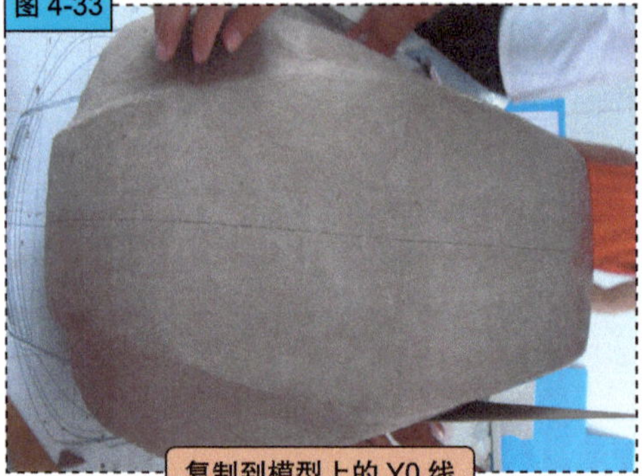

复制到模型上的 Y0 线

三、怎样复制 X 坐标线及 Z 坐标线和其他复制方法

（1）复制 X 坐标线，做法同复制 Y0 线一样，但是 X 方向要做的点比较多，到底做多少，要看自己的需要，至少要把车身最高点做出来（图 4-34~ 图 4-37）。

图 4-34

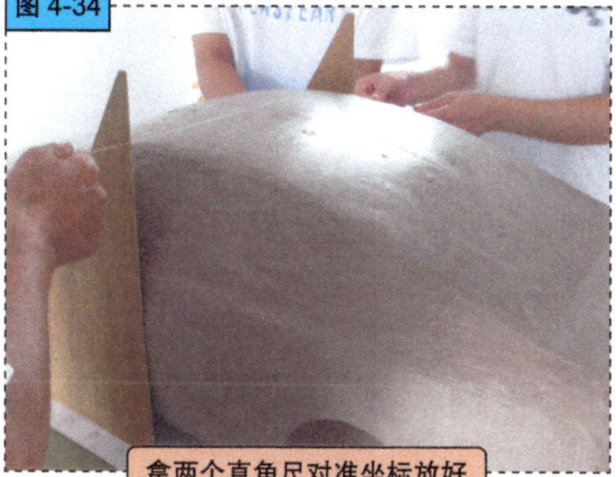

拿两个直角尺对准坐标放好

图 4-35

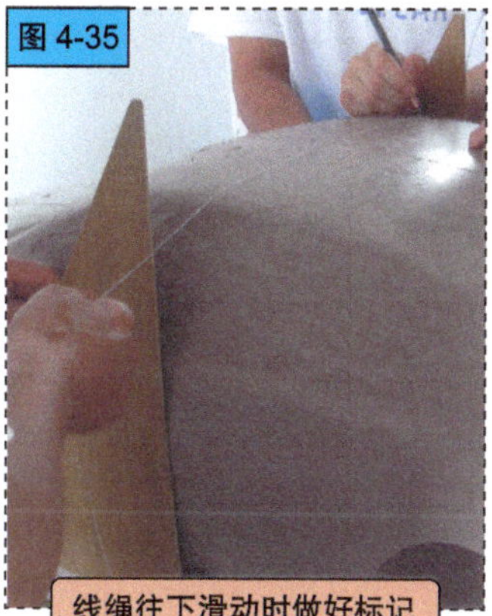

线绳往下滑动时做好标记

图 4-36

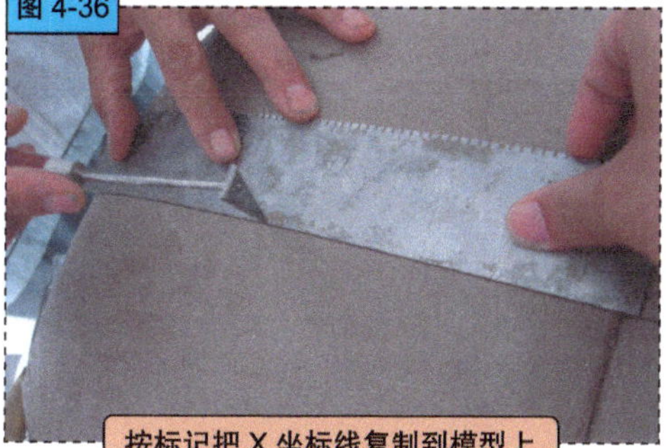

按标记把 X 坐标线复制到模型上

图 4-37

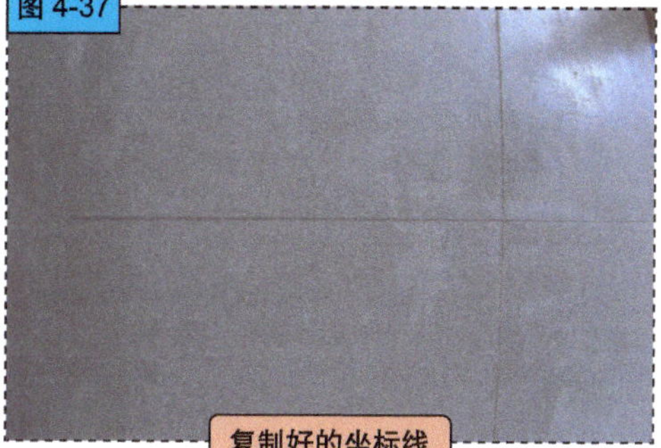

复制好的坐标线

X 方向的线比较随意，因为在制作过程中随时可能刮掉，随时可能增加。

（2）用高度尺复制 Z 方向坐标线，Z 方向坐标在造型时如果需要，可以直接用高度尺复制到模型上。

（3）用其他工具复制坐标线。

1）如果用的是带画线仪平台，模型上复制 X、Y、Z 坐标线就比较简单了。

2）如果用的是红外线激光水平仪，在使用时必须懂得三点一线的道理，否则会带来很多麻烦。

第三节　车顶的制作

在后续各节里会介绍分层制作的过程，但在每节中几次制作过程会一次性介

绍完。因为不同造型师，几次制作过程的安排也不尽相同，所以制作过程安排不会穿插在每节中。每节制作过程都可分成粗刮、细刮、精刮三个环节进行介绍，模型精刮会在第十三节中详细介绍，本节只介绍粗、细油泥刮削环节。

一、车顶的第一层粗刮

（1）车身车窗及前后风窗玻璃的粗刮已基本定型，在上节中车顶中心部位已经刮到位，这次的制作主要是车顶两边和车顶的光顺，拿制作好的卡板，来验证车顶两边高度，或用高度尺按照侧视图坐标数据测量车顶两边高度（图 4-38、图 4-39）。

图 4-38

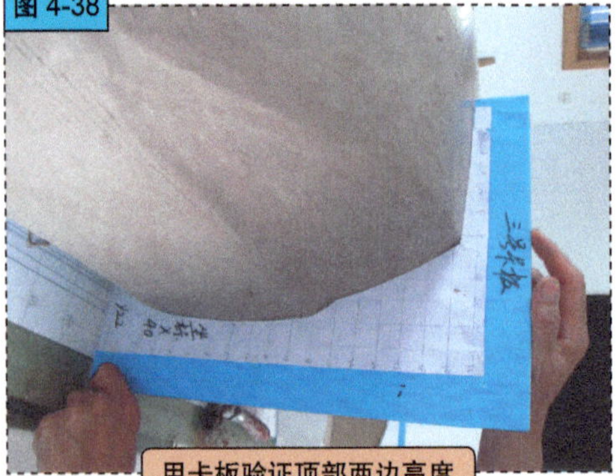

用卡板验证顶部两边高度

图 4-39

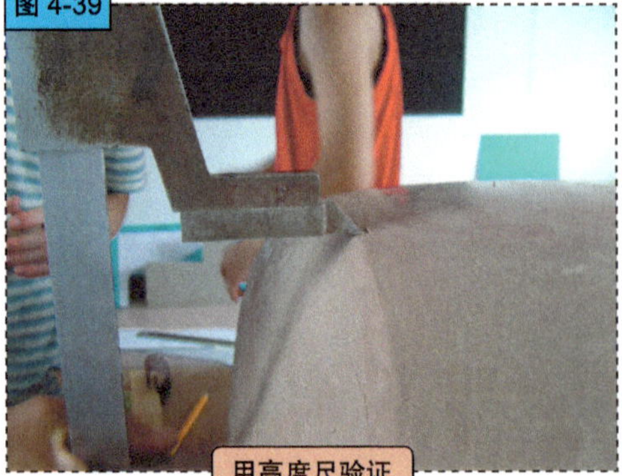

用高度尺验证

（2）两边高度制作好后，用制作好的样板验证车顶横向弧度，再用钢直尺或塑料板尺按照 Y0 坐标线，测量两边对称数据（图 4-40~ 图 4-42）。

图 4-40

用样板验证车顶弧度

图 4-41

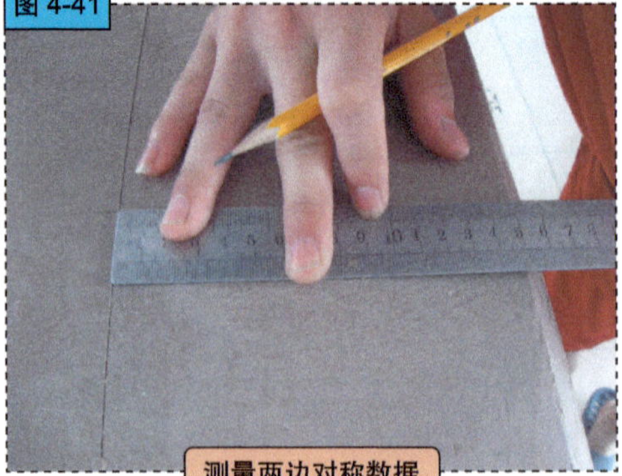

测量两边对称数据

（3）如果弧面不够光顺，两边不够对称，再制作一块纵向边线样板，进一步修整（图 4-43）。在车顶和侧面的油泥制作过程中会形成一条棱线，这条棱线非常重要，必须保持到整个模型制作的最后完成，倒角时才可以破坏掉（图 4-44）。车顶的纵向验证方法是，拿一张长一点的刮板，把清理干净的刮板平铺在车顶上，看看刮板和油泥是否全部吻合，如果全部吻合证明车顶已经光顺，如果没有全部吻合，找出问题进行修整（图 4-45）。

图 4-42

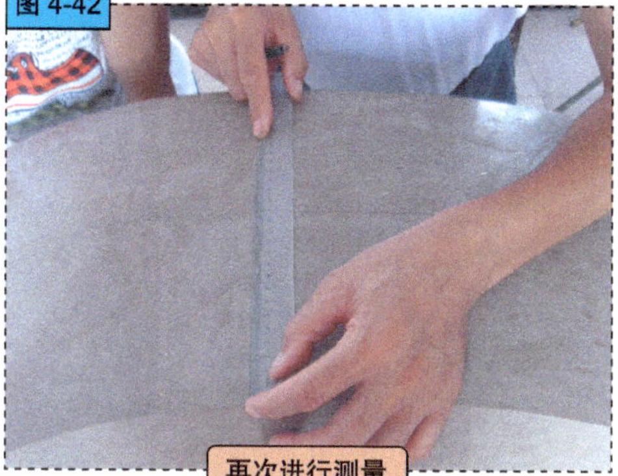

再次进行测量

图 4-43

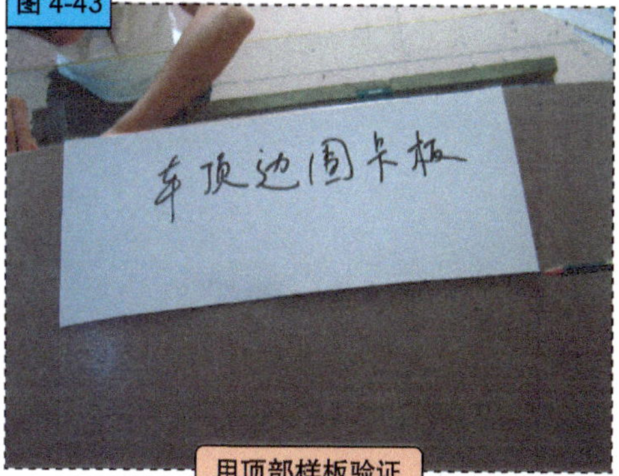

用顶部样板验证

图 4-44

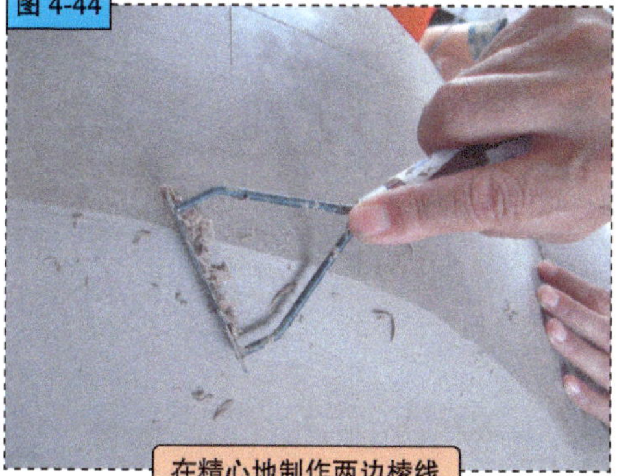

在精心地制作两边棱线

图 4-45

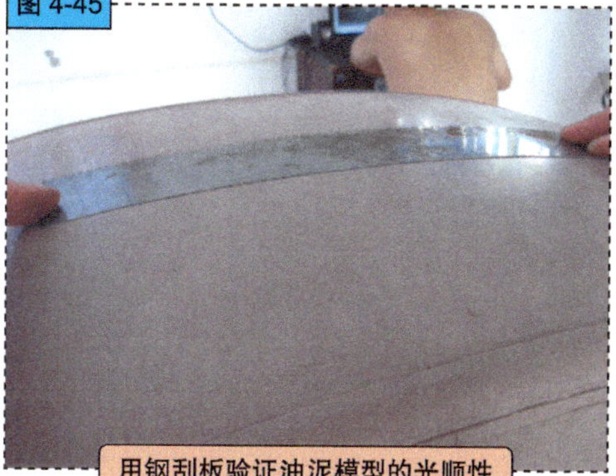

用钢刮板验证油泥模型的光顺性

二、车顶的第二层细刮

整个车顶按照数据粗刮以后，再进行第二次制作，这也是分次制作的体现。细刮时中心线的部位是不动的，因为设计师以中心线的最高点为原点，用两个半径辐射到不同的部位。设计师设计车顶时在边梁内侧降低 6mm, 让边梁自然起到挡水作用，所以就产生了两个不同的弧面。在这次的制作中，是车顶和前后风窗玻璃是一起制作的，但在这里只着重介绍车顶部位的制作。

先把俯视图上边梁内侧的坐标数据点复制到顶部的两侧。

第一种办法：可以按照坐标点做成样板（做样板的原因还有一个，就是做对称非常方便），把样板按照坐标点放在模型上，先在两侧用铅笔画一画，看看是否光顺，如果不够光顺再进行修整。

第二种办法：可以直接用胶带按照坐标点贴出来，虽然模型上有坐标点，但也要靠造型师的工作经验和眼力。贴一条线容易，而把对称的两条线贴成一样，难度就非常大。

（1）可以猜一猜图 4-46 采用的是哪一种办法，随后可以想办法把照片放大，看看自己猜得对不对。

（2）能不能说出造型师为什么把三角油泥刮刀摆成这种角度刮削顶边梁的这个台（图 4-47）？

图 4-46

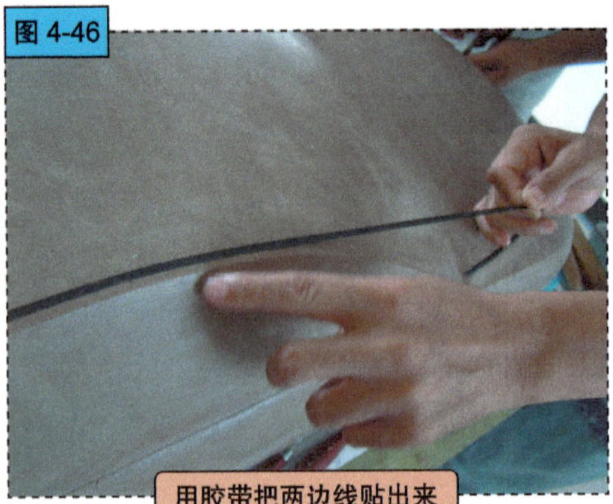

用胶带把两边线贴出来

图 4-47

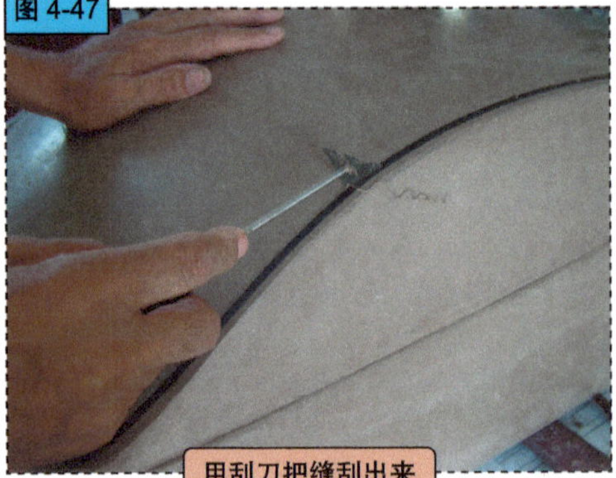

用刮刀把缝刮出来

（3）在车顶的二次制作中，刮削只在两边进行，为了不破坏车顶边梁的光顺，所以在刮削时拿刮板挡上（图 4-48）。

（4）在车顶的刮削中，拿出事先做好的车顶二次样板，比照一下看车顶刮得是否光顺。如果不够光顺，再进行仔细刮削，这也是模型制作刮削的最后一道工序（图 4-49）。在模型制作时不要把工作都推到精刮工序，最后的一遍精刮只是把模型面层修整得更加光顺一些。

图 4-48

用刮板挡住缝边再刮两边油泥

图 4-49

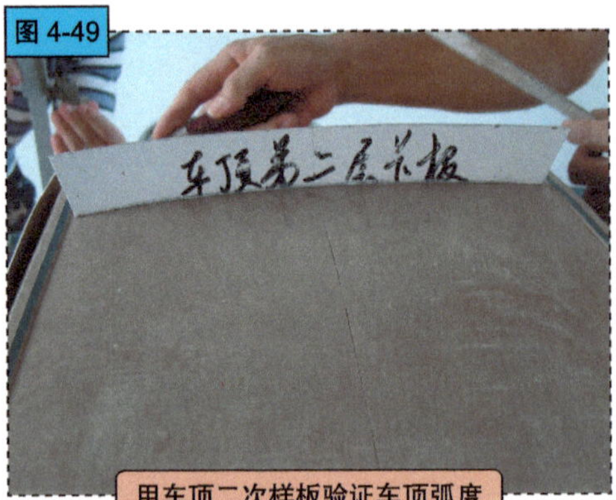

用车顶二次样板验证车顶弧度

第四节　前后风窗玻璃的制作

本章第二节“怎样利用卡板及控制坐标制作模型”的叙述中，前后风窗玻璃中心部位的油泥已经刮到位，本节主要介绍风窗玻璃两边的制作和玻璃光顺的制作，且只介绍油泥粗、细刮削环节。

一、前后风窗玻璃油泥第一次粗刮

（1）风窗玻璃中间部位已经刮好，中心线也已复制到模型上，造型师正在粗刮前风窗玻璃（图 4-50）。

（2）造型师正在粗刮后风窗玻璃（图 4-51）。放上第一号卡板，检查卡板和油泥的吻合情况，这次检查主要是看一看在前后风窗玻璃制作时中心线部位有没有受到损坏，如有损坏应及时修补（图 4-52）。

图 4-50

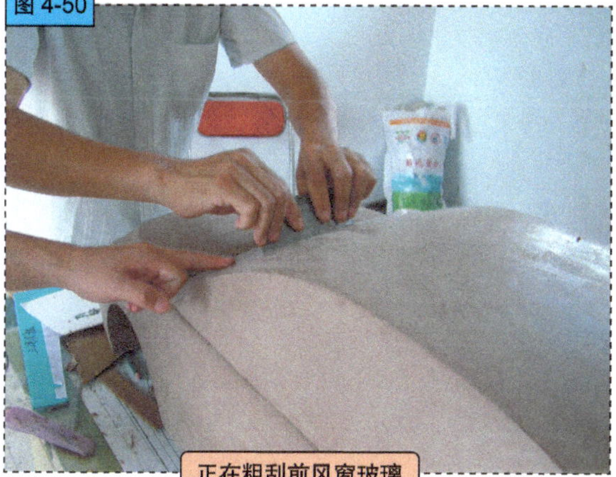

正在粗刮前风窗玻璃

图 4-51

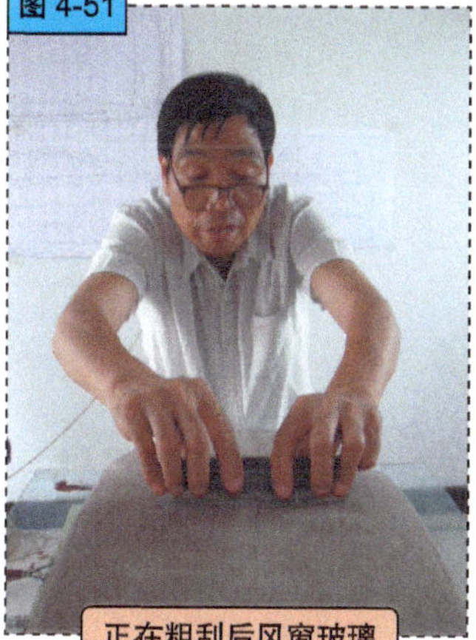

正在粗刮后风窗玻璃

（3）拿出现场临时制作的样板（这种样板的制作方法在前面已经介绍过了，只用在特定的位置），用样板比照一下，看看风窗玻璃是不是圆顺，如果不够圆顺再进行修整。经过样板检查之后，造型师再次修整前、后风窗玻璃（图 4-53~ 图 4-55）。

图 4-52

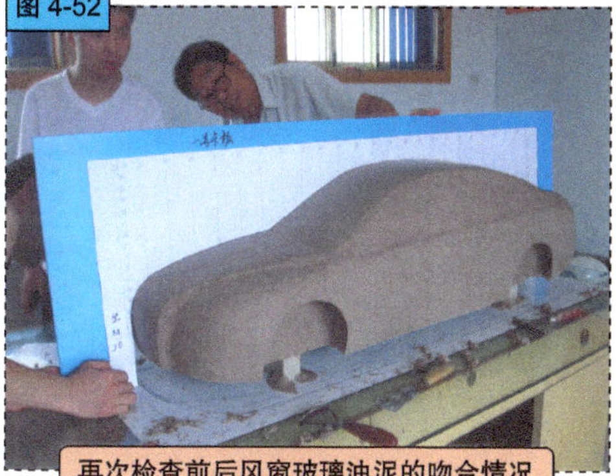

再次检查前后风窗玻璃油泥的吻合情况

图 4-53

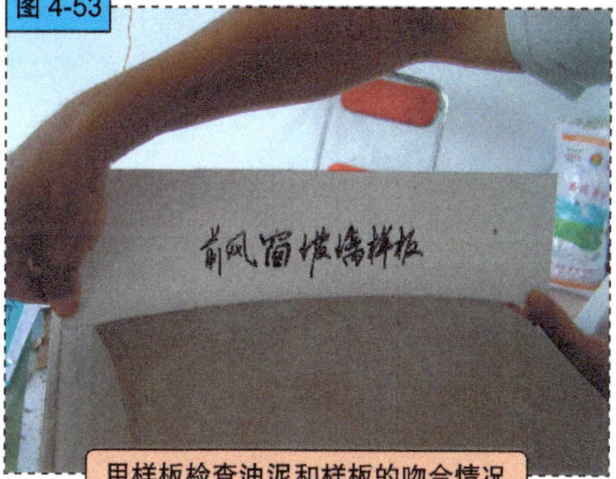

用样板检查油泥和样板的吻合情况

图 4-54

用刮板进行再次修整

图 4-55

用刮板进行再次修整

（4）前后风窗玻璃各做一块对称样板。这个样板是有讲究的，把样板沿中心线放到模型上，在样板的上边或下边做一个控制点，控制点应该做在中心线上。样板的作用主要是验证风窗玻璃两边是否对称（图 4-56）。

图 4-56

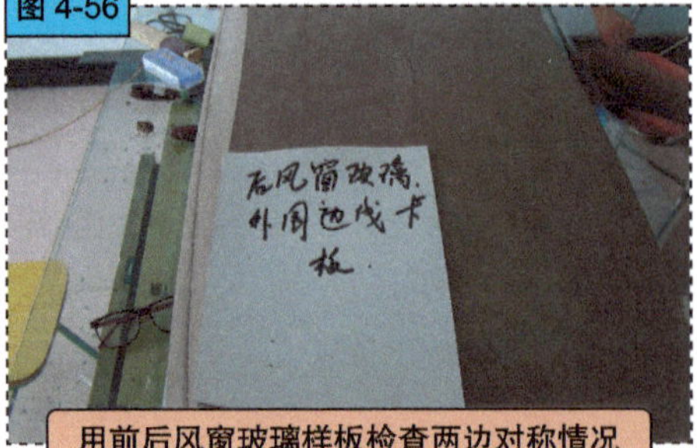

用前后风窗玻璃样板检查两边对称情况

二、前后风窗玻璃的第二层细刮

（1）在整个模型按照数据粗刮完之后，前后风窗玻璃也该进入深层次的制作了。用胶带把前后风窗玻璃的外轮廓线，即 A 柱和 B 柱的内侧线贴好（图 4-57、图 4-58）。

（2）用刮刀沿胶带慢慢往下刮，刮的深度以设计要求为准，刮的角度也要慢慢转换，由原来的 45° 慢慢变为 75° 左右（图 4-59、图 4-60）。设计师设计的顶边梁和车顶高度相差 6mm，所以车顶边梁坡度比较大，到风窗玻璃下边，玻璃和 A 柱高度相差 16mm，这说明 A 柱下边，玻璃与 A 柱台阶比较大，按照顶边梁的角度制作是不行的，为了光顺，只能慢慢过渡。

图 4-57

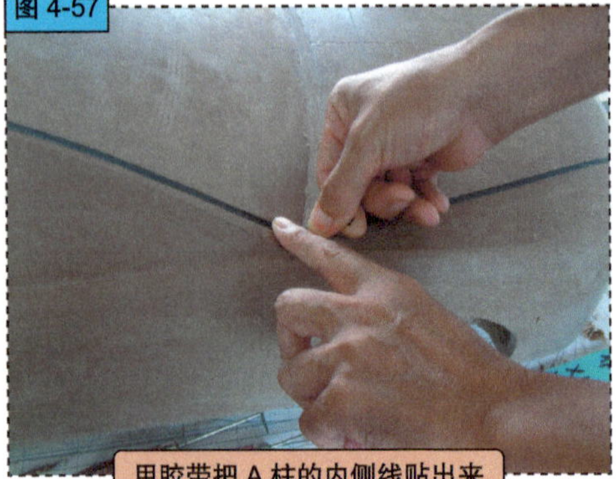

用胶带把 A 柱的内侧线贴出来

图 4-58

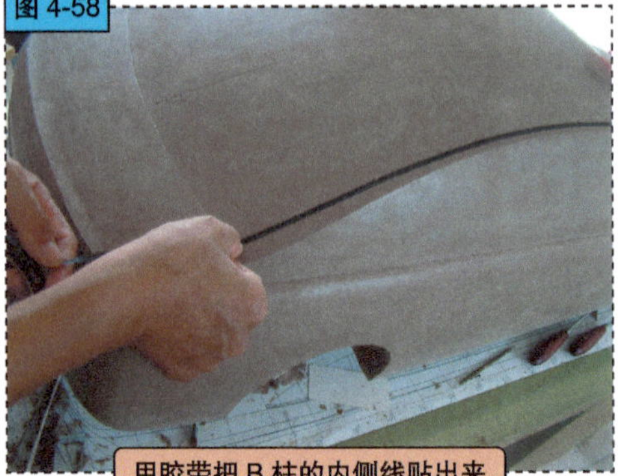

用胶带把 B 柱的内侧线贴出来

图 4-59

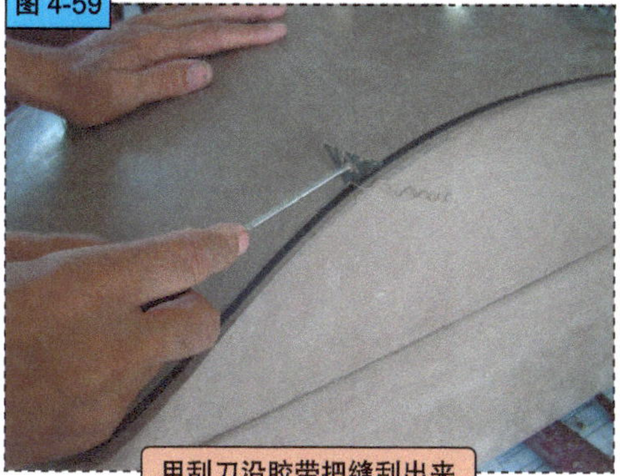

用刮刀沿胶带把缝刮出来

图 4-60

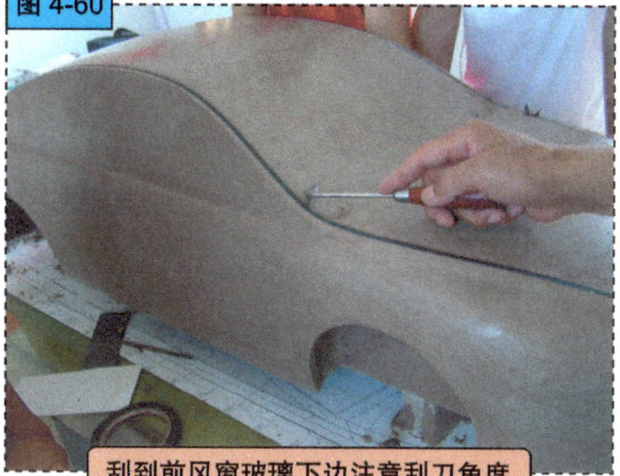

刮到前风窗玻璃下边注意刮刀角度

（3）后风窗玻璃比较容易制作，因为差距比较小，车顶部为 6mm 到后风窗玻璃下边为 10mm（图 4-61）。

（4）以上数据是 1 ：1 车的数据。刮好缝以后，再刮前后风窗玻璃两边的油泥，找一块刮板挡住缝线，先用精细刮刀或大一点的三角油泥刮刀，把两边油泥刮下去，用小工具刮完以后，应该换用长点的刮板来刮削（图 4-62~ 图 4-65）。注意：中线部位千万不要刮削。

图 4-61

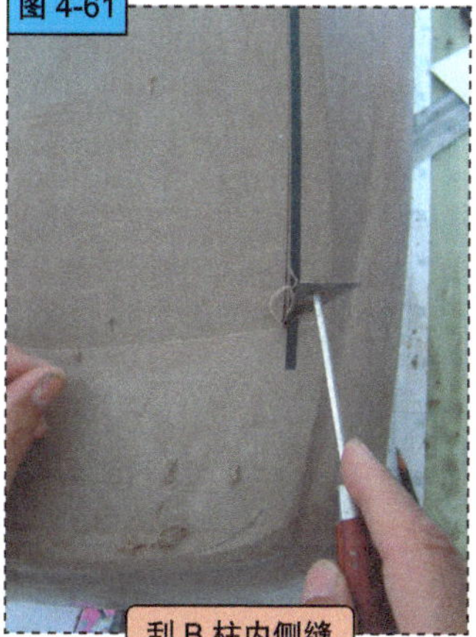

刮 B 柱内侧缝

图 4-62

刮两边油泥时用刮板挡一下

（5）怎样才能把玻璃的圆弧做好，这也是一项非常有挑战性的工作。先来看一下侧视图，一般设计师在设计车身时，前后风窗玻璃是下边曲率半径小，上边曲率半径大，这就给造型师造成了很大困难。造型师要解决这种难题，确实也得动一翻脑筋。当然设计师在设计时会计算风窗玻璃的曲率半径，但是设计师只会计算上下两端半径，所以中间风窗玻璃样板需要造型师来计算。首先要确定坐标点，从侧视图上量出弧度，从俯视图上量出长度，计算出样板需要的曲率半径，制作出风窗玻璃中间的第一层和第二层样板。还有一种方法，挑选适合风窗玻璃曲率半径的轨道尺，来验证风窗玻璃的光顺性。因为风窗玻璃每上升一个高度或下降

第四章

一个高度，曲率半径也会随之变换。要把前后风窗玻璃做得圆顺，也只有依靠样板来实现。在使用样板验证时一定和中心线保持 90°，样板的小面也要和模型面保持 90°。刮削时要不断用样板来验证，一直刮削到油泥和样板完全吻合（图 4-66~图 4-68）。

图 4-63

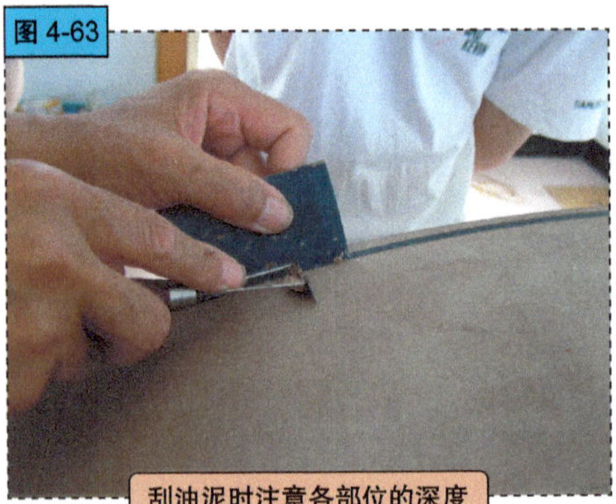

刮油泥时注意各部位的深度

图 4-64

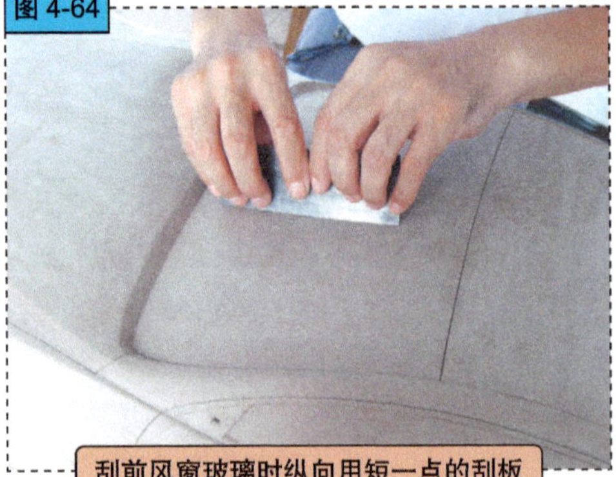

刮前风窗玻璃时纵向用短一点的刮板

图 4-65

刮前风窗玻璃时横向用长一点的刮板

图 4-66

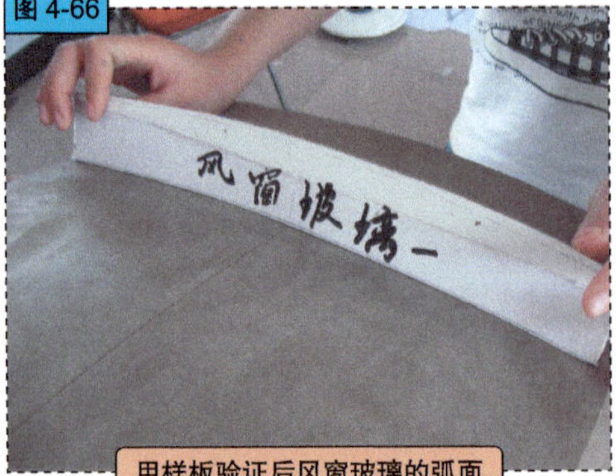

用样板验证后风窗玻璃的弧面

（6）第一层、第二层样板（图 4-66、图 4-67）是风窗玻璃横截面的，还要有纵向的，也就是测量风窗玻璃上下曲率半径的变化（图 4-69）。这种样板制作非常困难，因此风窗玻璃中心到两边之间，只能在横向样板验证好以后，再做一张这样的样板，目的是验证一下纵向的光顺度。制作程序是，从中心线往两边各量 100mm，上下量好后，画一条线，拿一块纸板用剪刀慢慢修整，直到纸板和油泥面全部吻合，这时用样板锉锉光顺，来验证两边光顺度。

（7）图 4-70 所示是造型师在补 A 柱下半部。为什么会出现这种情况？在模型粗成形时，A 柱一直是与风窗玻璃的弧形一起制作的，因为这样方便风窗玻璃的制作。而现在已进入深层次的制作，有的造型师在这个阶段愿意把 A 柱补上来制作，但也有造型师愿意最后再制作 A 柱。何时填补制作，由造型师自己决定。

图 4-67

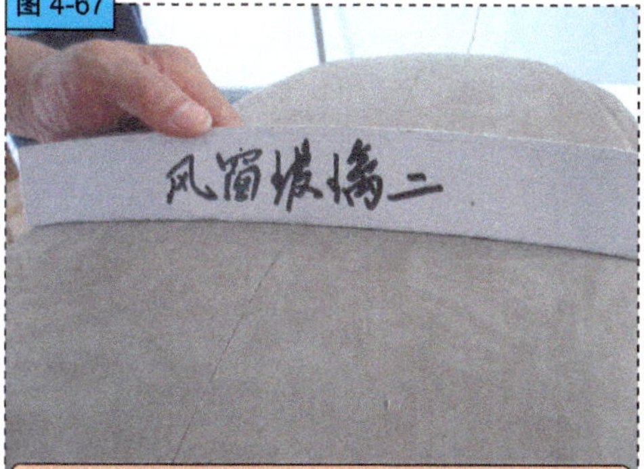

在样板验证前风窗弧面时让样板和模型保持 90°

图 4-68

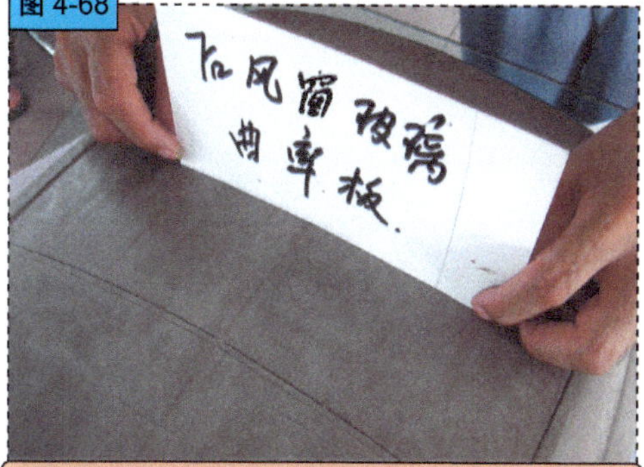

风窗玻璃一般有两张横截面样板，这是上边的一张

图 4-69

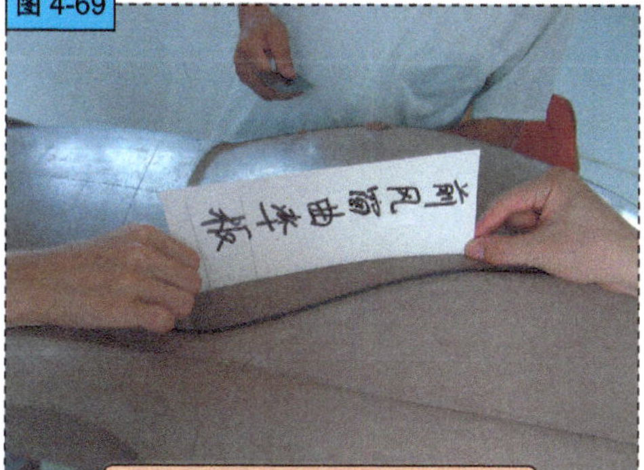

用这样的样板验证两边纵向弧面

图 4-70

补制作时 A 柱留下的豁口

第五节　台肩以上侧面玻璃的制作

台肩以上，侧面玻璃的制作也分为三个环节，本节这样介绍只为讲述清楚，在实际制作过程中可以灵活应用，或者把制作过程分得更细一些。

一、侧面玻璃窗的油泥粗刮

（1）主要是利用卡板把整个坯胎的油泥敷到位，一边比照样板，一边修整（图 4-71~ 图 4-74）。

（2）中心线移植到模型上以后，模型的制作过程是，先利用卡板把整个模型刮削到基本定型（图 4-75~ 图 4-78）。

（3）侧面玻璃窗按照卡板刮削好以后，按照俯视图，把顶边梁坐标数据复制到模型上。或者用做车顶时的对称样板，把样板对准坐标线，用铅笔按样板画出顶边梁边线（图 4-79、图 4-80）。

图 4-71

正在修补侧面玻璃窗的油泥

图 4-72

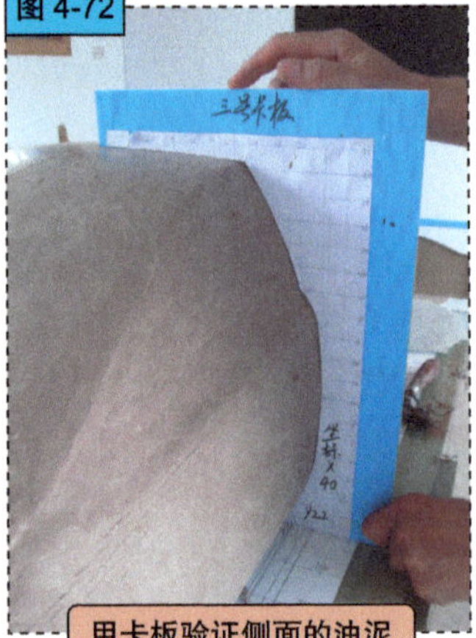

用卡板验证侧面的油泥

图 4-73

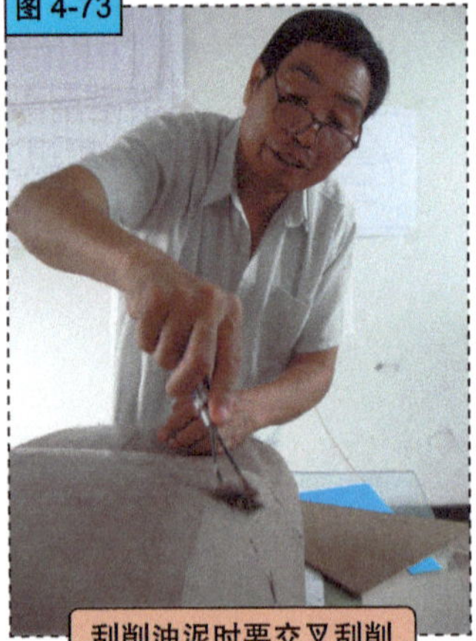

刮削油泥时要交叉刮削

图 4-74

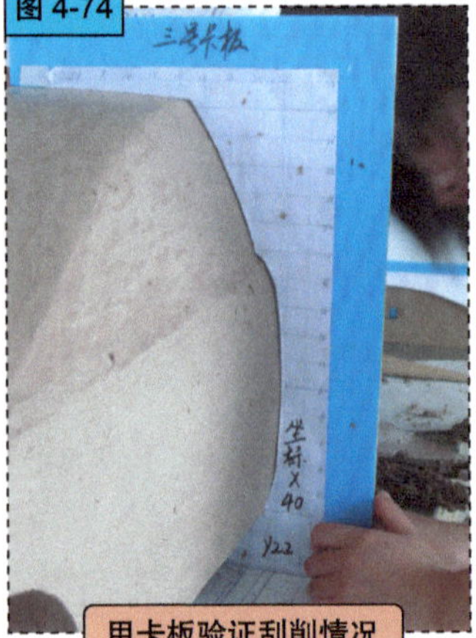

用卡板验证刮削情况

图 4-75

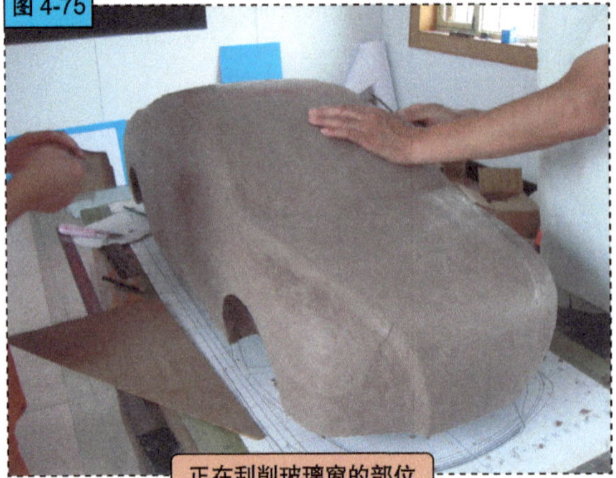

正在刮削玻璃窗的部位

图 4-76

用卡板验证车身部位

图 4-77

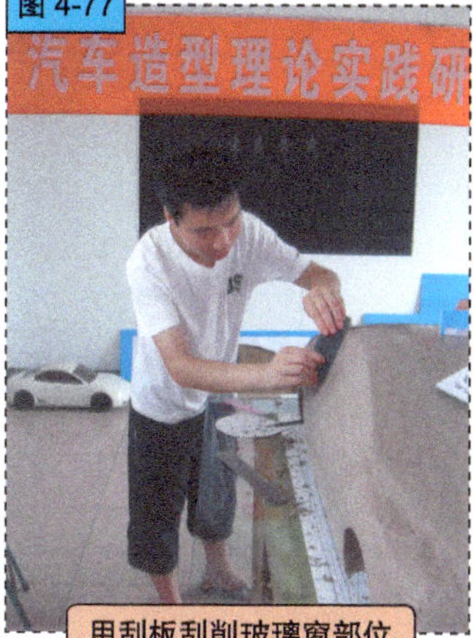

用刮板刮削玻璃窗部位

图 4-78

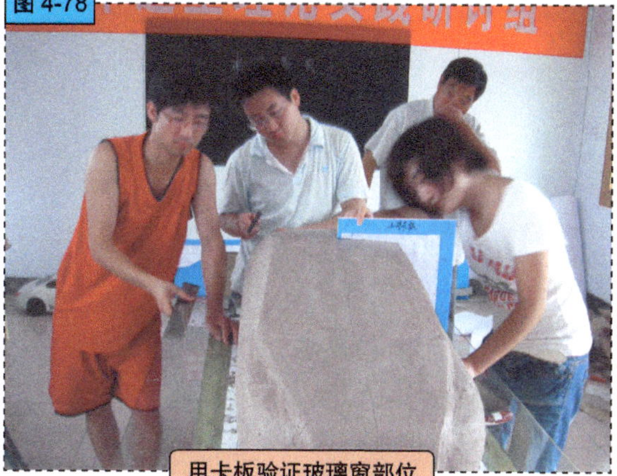

用卡板验证玻璃窗部位

图 4-79

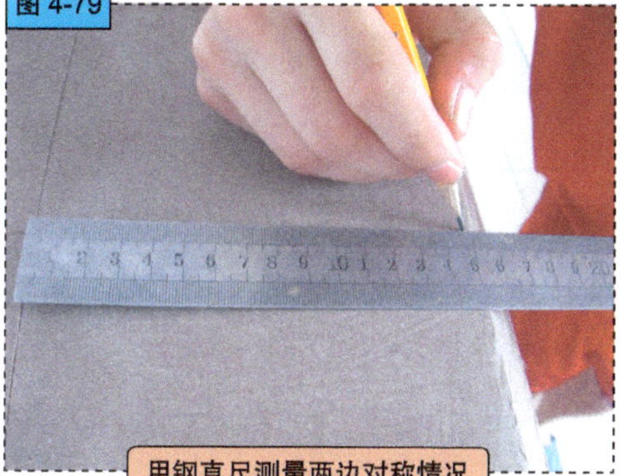

用钢直尺测量两边对称情况

图 4-80

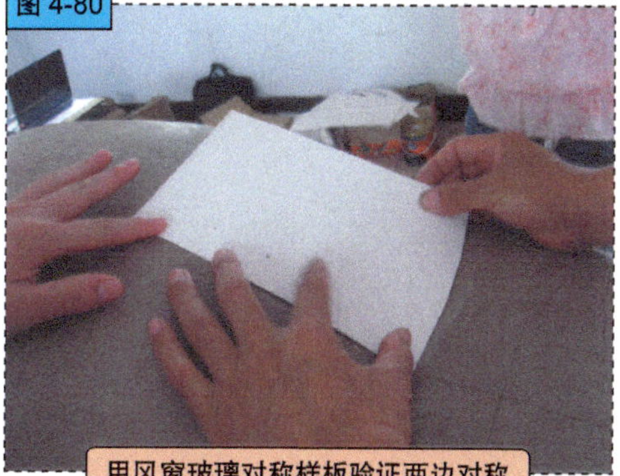

用风窗玻璃对称样板验证两边对称

（4）造型师应按照数据点或线，把 A 柱、车顶边梁一直到 C 柱精心刮至光顺，修整至两边对称（图 4-81）。

（5）侧面玻璃窗的 A 柱、C 柱及上边梁刮削好以后，现在做侧面的台肩线。做一块直角纸板，把纸板对准需要的坐标靠在模型上，用铅笔把坐标线复制到模型上（图 4-82）。

（6）把 X 方向的坐标线画好后，用高度尺按照侧视图台肩线的高度把每一个坐标数据复制到模型上（图 4-83）。

（7）每一个坐标数据点复制好后，拿胶带按照数据点贴出线来，把胶带贴到数据点的下方（图 4-84）。

（8）胶带贴好后造型师一定要检查胶带是否光顺，如果不够光顺，还需要精心修整，胶带修整好以后，再检查一下胶带是否贴紧，如果贴得不够紧再用手指按一按（图 4-85）。

（9）全部检查好以后，再把台肩线刮出来。刮的办法有很多，这里是先拿三角刮刀轻轻沿胶带刮出一道槽（图 4-86）。

图 4-81

修整至两边对称

图 4-82

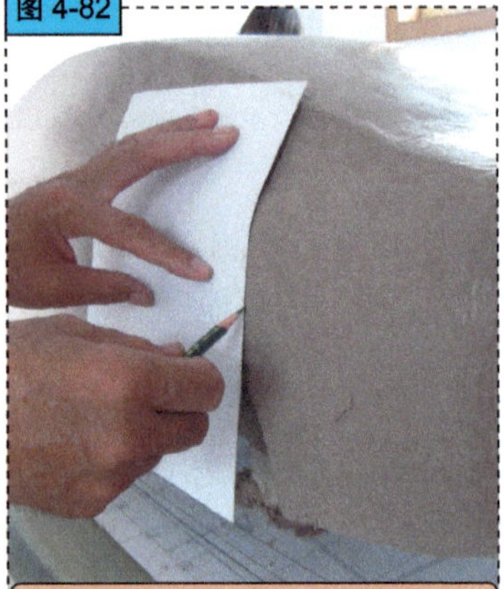

用直角纸板把坐标线复制到模型上

图 4-83

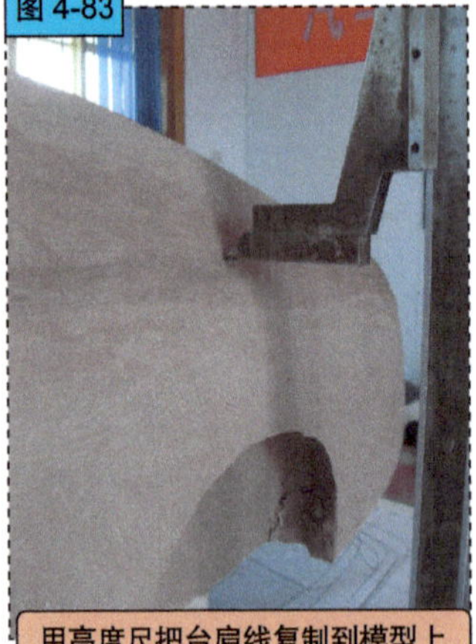

用高度尺把台肩线复制到模型上

图 4-84

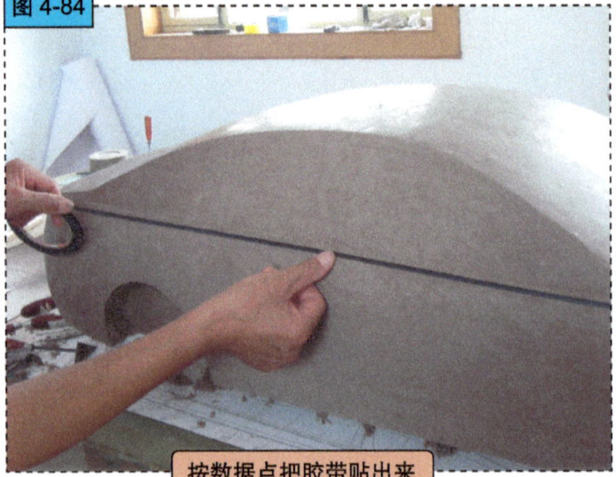

按数据点把胶带贴出来

图 4-85

细心修整胶带的光顺性

图 4-86

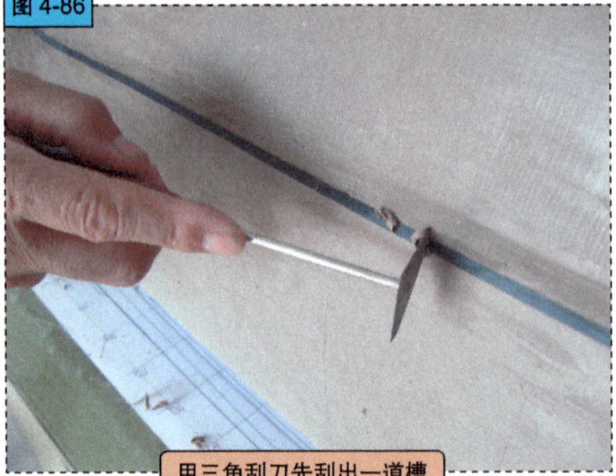

用三角刮刀先刮出一道槽

（10）再用精细刮刀慢慢把台肩线修整出来（图 4-87）。台肩线的高度已基本做好，侧面玻璃窗下边的弧度怎样定位呢？拿直角尺，按照坐标线放好，按照俯视图坐标线距离车窗下边的数据，做好每一个坐标的标记（图 4-88）。

图 4-87

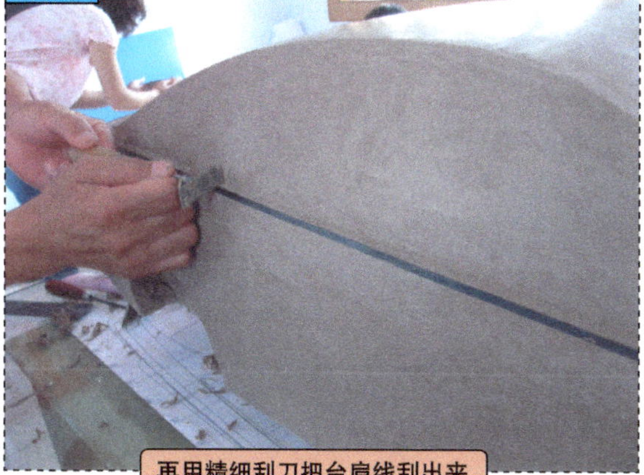

再用精细刮刀把台肩线刮出来

图 4-88

按俯视图数据测量玻璃窗下边控制点

（11）做好每一个坐标点标记后，先用直角刮刀大致刮到位，再用精细刮刀把整个台肩线修整出来（图 4-89~ 图 4-91）。

图 4-89

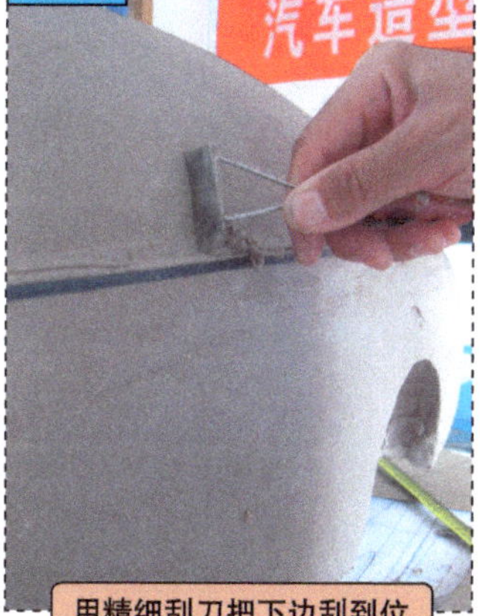

用精细刮刀把下边刮到位

图 4-90

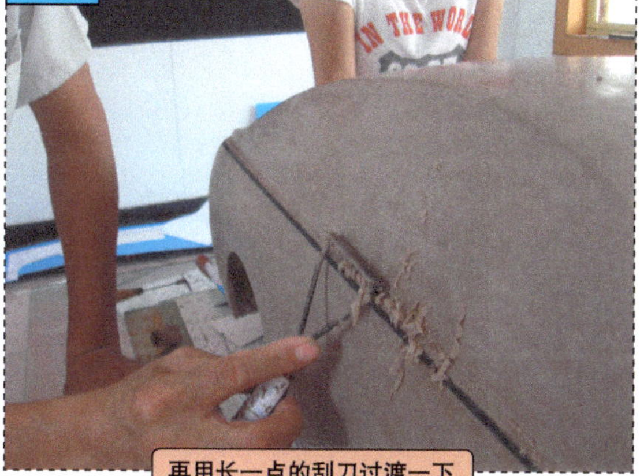

再用长一点的刮刀过渡一下

修整好后再一次定位检查，还用直角尺检查 Y 方向坐标点刮得是否到位（图 4-92）。

（12）用高度尺检查 Z 方向坐标点是否到位，两个方向坐标点，如有不到位的地方再做一次修整（图 4-93、图 4-94）。

（13）怎样来制作侧面玻璃窗的弧面？车顶两边边线侧面已经做好，侧面玻璃窗下边也已定位，侧面的中间部位按照事先做好的样板来制作。在制作的过程中，要不断地比照样板，必须让样板和油泥模全部吻合，样板在使用时必须与台肩线保持 90°（图 4-95、图 4-96）。

图 4-91

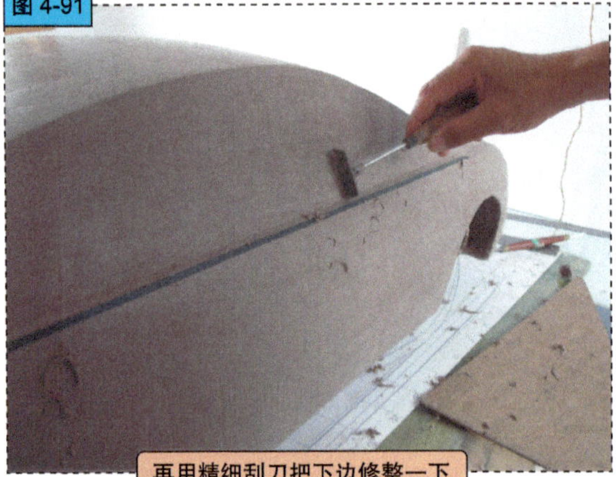

再用精细刮刀把下边修整一下

图 4-92

进行第二次测量

图 4-93

用高度尺再次测量台肩线高度

图 4-94

用精细刮刀再次修整不到位的部位

图 4-95

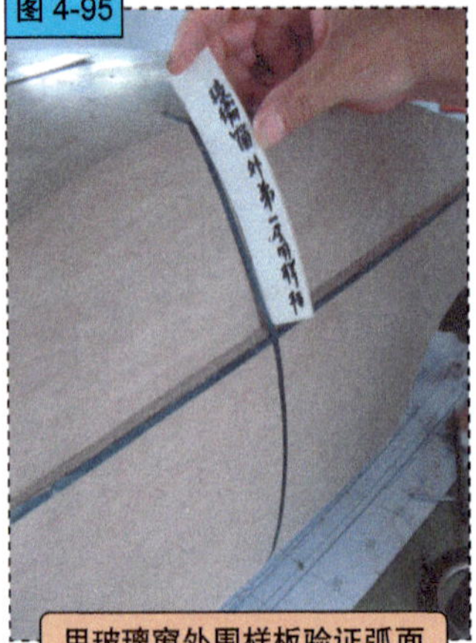

用玻璃窗外围样板验证弧面

图 4-96

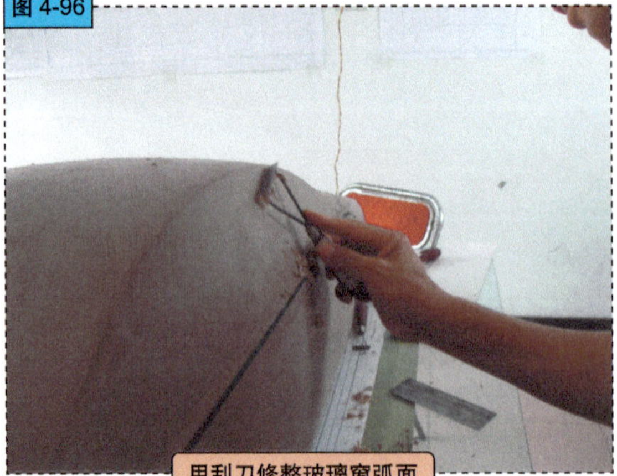

用刮刀修整玻璃窗弧面

（14）玻璃窗是整个车型最重要的部位，开发到真车时，这里的数据就会精确到微米，所以在制作比例模型时，就要注意这个部位数据的准确性。为了进一步保证这个部位弧面的准确度，还需借用一种工具——验证样板（图 4-97、图 4-98）。验证样板的制作在前面已有详细介绍，这里就不再重复。

图 4-97

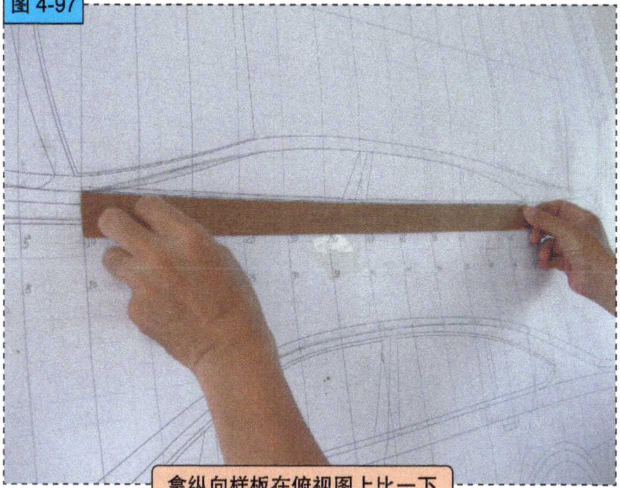

拿纵向样板在俯视图上比一下

图 4-98

用纵向样板验证玻璃窗纵向弧度

（15）把车窗侧面刮好以后，为了使从 A 柱、车顶边梁到 C 柱的面更加光顺、两面对称更加准确，把做好的车窗外围样板对准坐标线放好，用铅笔沿样板往模型上画线。不管能否画上，都要全部画一遍，因为现在样板和模型之间差距已经非常小了（图 4-99）。

（16）画好线以后，用刮刀进行细致的修整，使模型两边更加对称，更加光顺（图 4-100）。

图 4-99

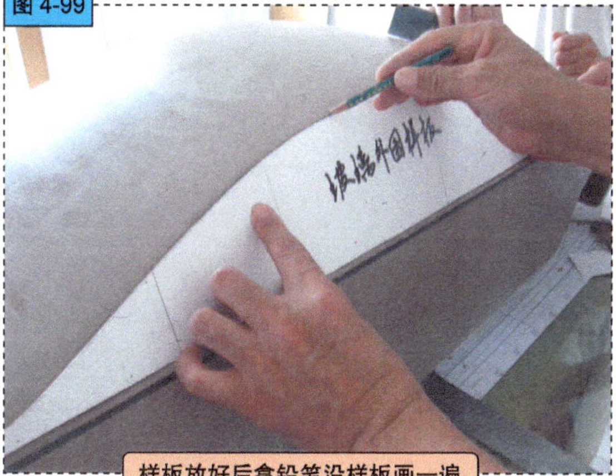

样板放好后拿铅笔沿样板画一遍

图 4-100

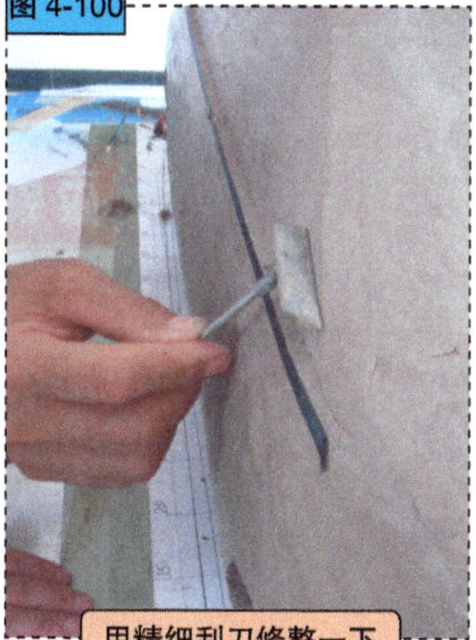

用精细刮刀修整一下

二、侧面玻璃窗的第二层细刮

这一步主要介绍车门框及车窗玻璃制作。台肩以上外围面全部修整好后，先进行车门框的制作，再用削减法及添加法制作玻璃窗及B柱。

（1）拿出事先制作好的台肩以上门缝样板，对准坐标线放好（图4-101）。

（2）拿铅笔顺样板画出门缝线。拿开样板，检查看是否有不妥的地方。检查的目的：①检查前后门缝和门框的吻合情况。②检查上边梁的数据是否和侧视图的数据吻合，如果有不吻合的地方再进行修改（图4-102）。

图 4-101

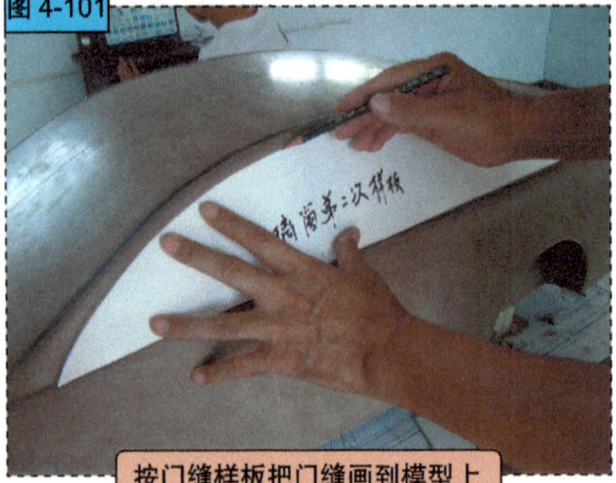

按门缝样板把门缝画到模型上

图 4-102

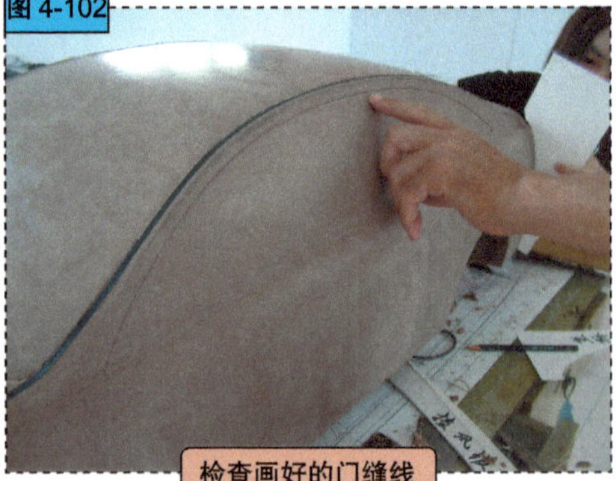

检查画好的门缝线

（3）如果没有什么问题，把样板对准坐标放好，用三角油泥刮刀沿样板把缝刮出来。在用三角油泥刮刀时，注意三角油泥刮刀的角度，一般三角油泥刮刀的直角边和模型保持90°（图4-103）。

（4）台肩以上门缝线勾好后，开始制作门框。门框指的是车门上半部玻璃外围部位。按照门框的宽窄选择合适的胶带，沿门缝线把门框贴出来，选择合适车窗下边密封条宽度的胶带，把它也贴出来（图4-104）。

图 4-103

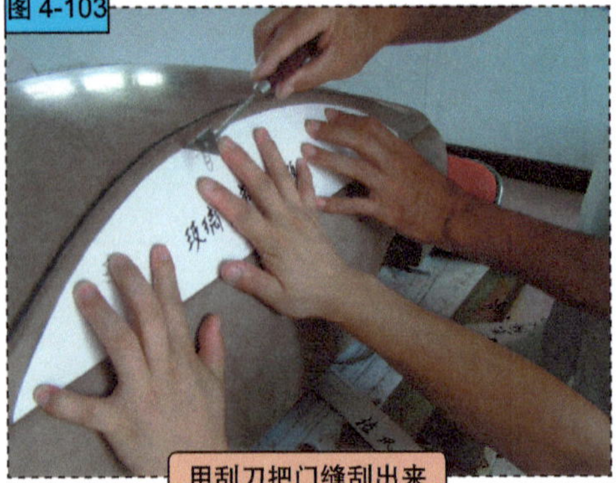

用刮刀把门缝刮出来

图 4-104

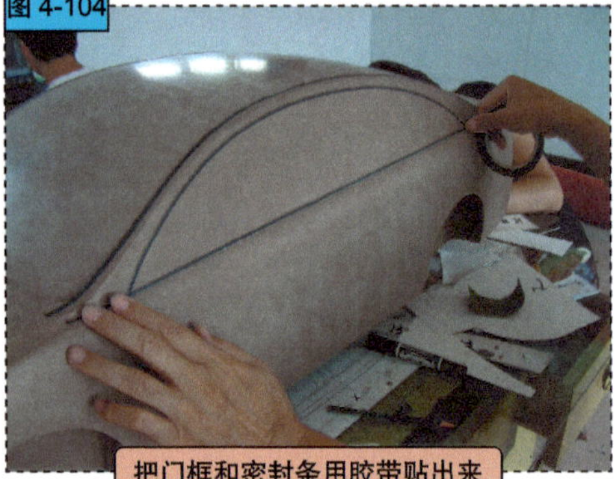

把门框和密封条用胶带贴出来

（5）胶带贴好后，把安装后视镜的部位留出来，并按照侧视图的数据将其复制到模型上，找一直边纸板，按照复制的数据点把纸板靠在模型上，用三角油泥刮刀把线刮出来（图 4-105）。

（6）沿胶带先把门框线勾出来。在勾缝时，一要掌握好三角油泥刮刀的角度，二要掌握好缝的深度（图 4-106）。

图 4-105

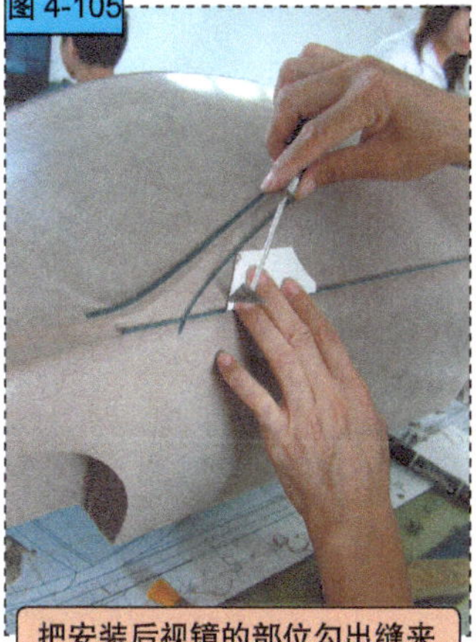

把安装后视镜的部位勾出缝来

图 4-106

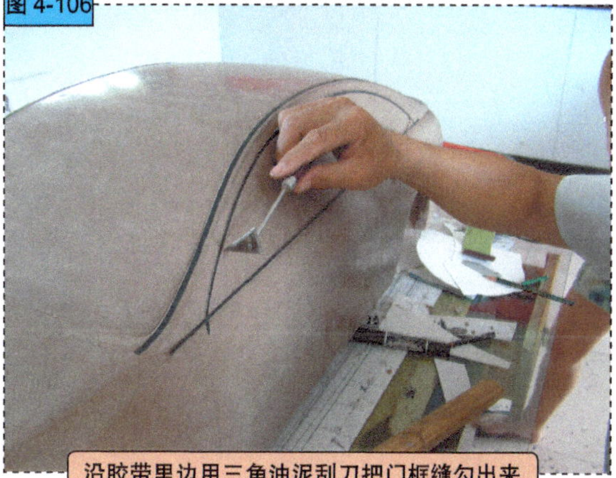

沿胶带里边用三角油泥刮刀把门框缝勾出来

（7）门框线刮好后，再刮玻璃窗下边密封条上边的缝，这个缝要求比较深，刮的时候要轻刮多刮，刮缝时要里边高外边低（图 4-107）。

（8）四周缝刮好后，再刮玻璃窗面层。从工程学角度讲，这是要求非常严格的部位，刮时不留 B 柱，主要是为了整个窗面的光顺性。先把四周刮到位，因四周深度差距大，刮削时过渡一定要光顺，刮削中间面层时要先少刮削一点，以免以后比照样板时发现尺寸不够，再进行补泥（图 4-108）。

图 4-107

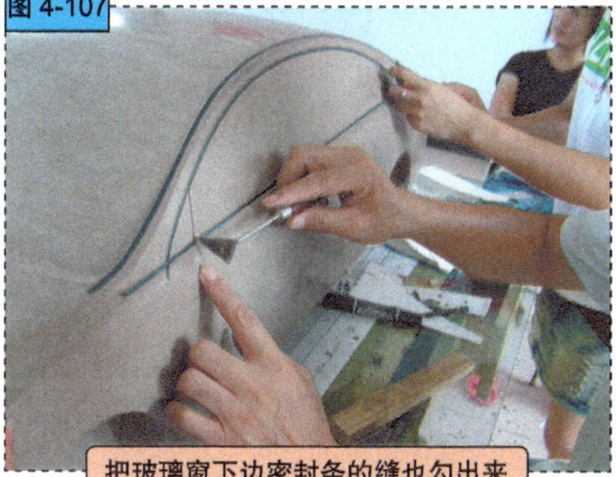

把玻璃窗下边密封条的缝也勾出来

图 4-108

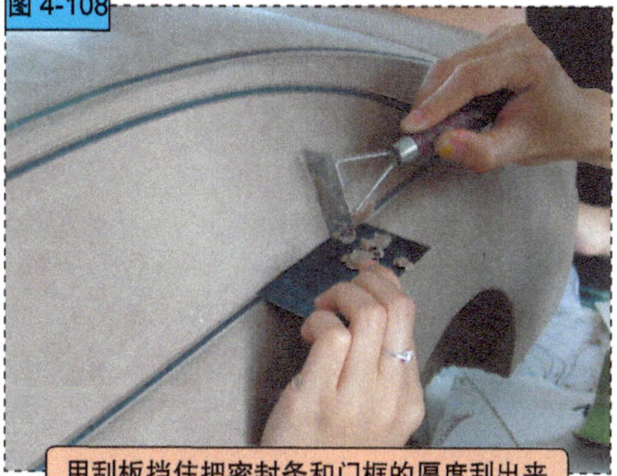

用刮板挡住把密封条和门框的厚度刮出来

（9）四周刮到位以后，开始刮削车窗玻璃面层。在刮削的过程中要边刮边比照样板，要让样板和油泥完全吻合。整个车窗玻璃的弧面曲率半径应该是中间半径比前后半径略小一点，但在 1 ：4 的模型上差距非常小，所以一般用一个样板制作就可以了。纵向光顺可以用车窗外围纵向样板检查，因为外围纵向样板和玻璃面层半径是一样的（图 4-109）。

（10）车窗玻璃面层做好后，就可以制作 B 柱。把硫酸纸铺在平台上，把烤好的油泥敷在纸上，用刮刀把油泥刮成需要的厚度，裁成略大于 B 柱的形状，参照侧视图把 B 柱上的门缝线复制到模型上，再把做好的油泥片安装到模型上，安装时用热风枪烤一下结合部位，这样才能使油泥结合到一起，安装好后用三角油泥刮刀按 B 柱的大小把两边裁一裁，用精细刮刀把表面修整好。这样 B 柱就做好了（图 4-110、图 4-111）。

图 4-109
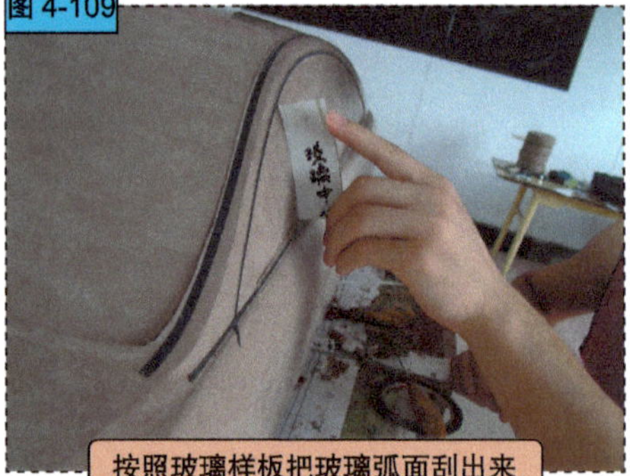
按照玻璃样板把玻璃弧面刮出来

图 4-110

把油泥薄片裁成略比 B 柱大一点

图 4-111
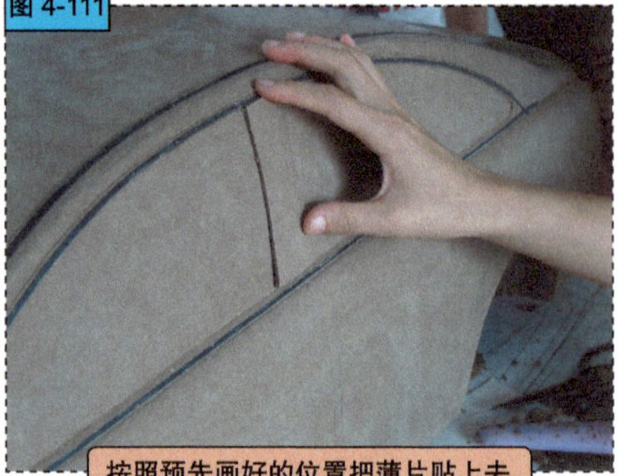
按照预先画好的位置把薄片贴上去

第六节　车身的制作

前面已经介绍过敷油泥的整个过程，本节为使所述制作过程完整，会稍微重复一下。本节介绍的制作过程比前面的介绍要详细得多。

一、车身粗刮

（1）模型坯胎制作。整个模型对准坐标固定好后，拿事先做好的车身卡板对准坐标放好，把钉子插进坯胎里，外边留出部分正好和卡板相平，钉子露出部分就是需要敷油泥的厚度（图 4-112）。

图 4-112
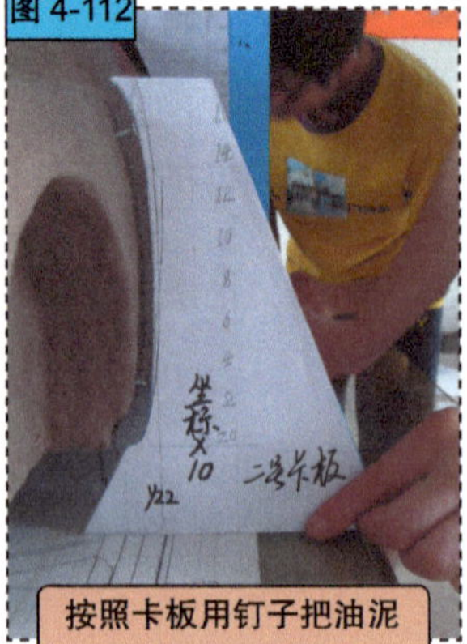
按照卡板用钉子把油泥的厚度定下来

（2）车身做好标记后，就可以开始敷油泥了。在敷油泥时不要一次敷得太厚，要一层一层压实了往上敷，感觉不太平整时，用直角刮刀刮一刮再敷，一直敷到油泥和钉子相平，这时可以把钉子拔出来，补钉子孔时一定要补实在。补好钉子孔以后，再敷两三层就可以了（图 4-113、图 4-114）。

图 4-113

整个车身油泥的厚度已定好

图 4-114

正在敷油泥

（3）车身粗刮。先用直角刮刀把车身粗刮一遍，粗刮时要注意刮削方法，不要顺一个方向一直刮削，或用 90° 或用 45° 的方向交叉刮削（图 4-115、图 4-116）。

图 4-115

敷油泥时经常用刮刀平一平

图 4-116

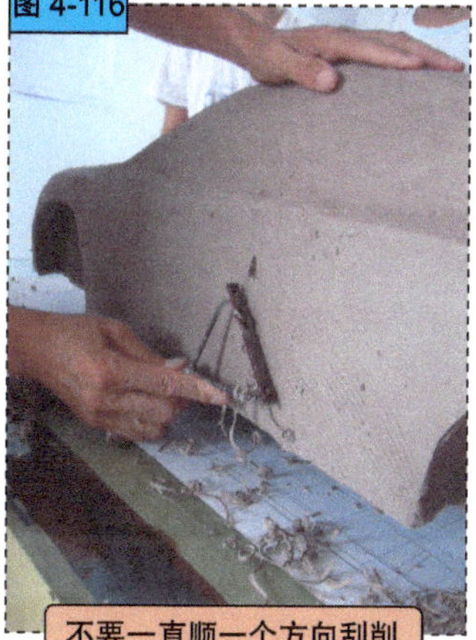

不要一直顺一个方向刮削

（4）在车身刮削时一定要用二、三、四号样板来验证。验证的方法是，把样板按坐标放好，看 Y 坐标对准情况，如果样板上的坐标线距离平台上的坐标线差距较大，再进行刮削，直到两根坐标线相差很近（一般 0.5mm 左右）时停止刮削（图 4-117~ 图 4-119）。

（5）在车身粗刮时，一定要把轮口补上。方法是，拿轮口样板按坐标放好，看油泥敷得尺寸是否够大，如果不够大，一定把油泥补足（图 4-120、图 4-121）。

（6）全部修补完整后，改用长刮板进行刮削，这次刮削一定要按照样板把模型刮到位（图 4-122、图 4-123）。

图 4-117

用卡板比照一下

图 4-118

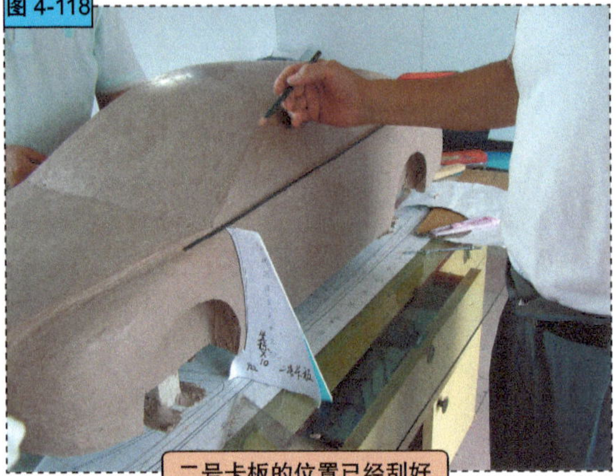

二号卡板的位置已经刮好

图 4-119

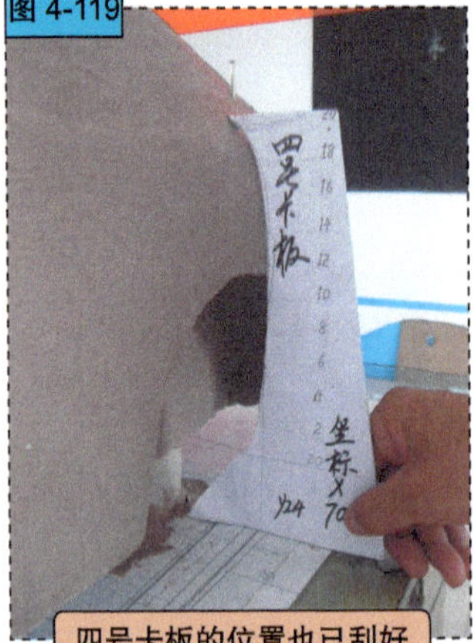

四号卡板的位置也已刮好

图 4-120

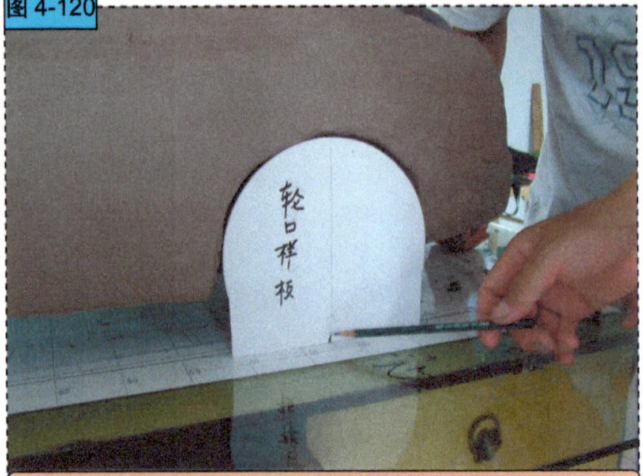

拿轮口样板对准坐标放好，看轮口油泥敷得尺寸是否够大

图 4-121

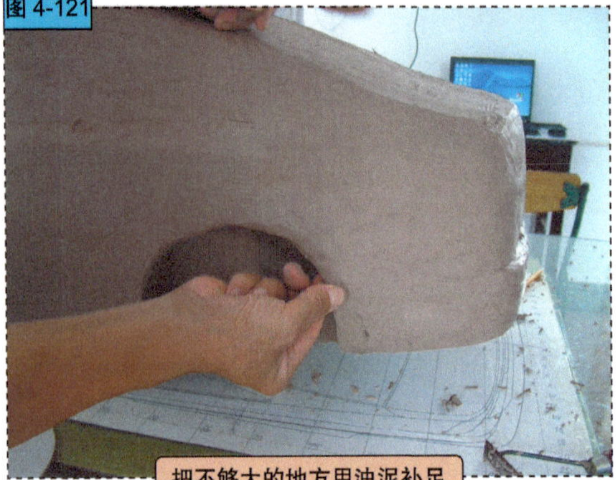

把不够大的地方用油泥补足

图 4-122

用长刮板刮削

（7）还有一种方法可检查模型各部位的到位情况，且需进行细致的验证。验证的方法是用三角尺，沿车身两边看看车身最突出的部位是否和俯视图相一致（图4-124）。

图 4-123

用长刮板进行再次修整

图 4-124

用三角尺检查一下

（8）车身刮削完以后，再修整门槛梁底边。用高度尺按照侧视图纵梁离地高度在模型的底边画一条线，然后用刮刀把底边刮到位（图4-125、图4-126）。

图 4-125

按照侧视图数据把车身底边线复制到模型上

图 4-126

用刮刀把底边修整好

二、车身的细刮

（1）整个车身制作完以后要进行细部制作，首先把坐标线复制到模型上（图4-127）。

（2）把下边门缝线按侧视图数据复制到模型上，用胶带贴出来（图4-128）。

（3）把防擦条按照侧视图数据复制到模型上，用胶带贴出来（现在贴出来比较方便，因为轮罩还没有做）。防擦条贴出以后要进行前后全面检查，因为模型已经做到保险杠制作阶段，这时贴出的防擦条必须和前后保险杠上边线前后贯通，如果不够光顺一定要进行调整（图4-129）。

图 4-127
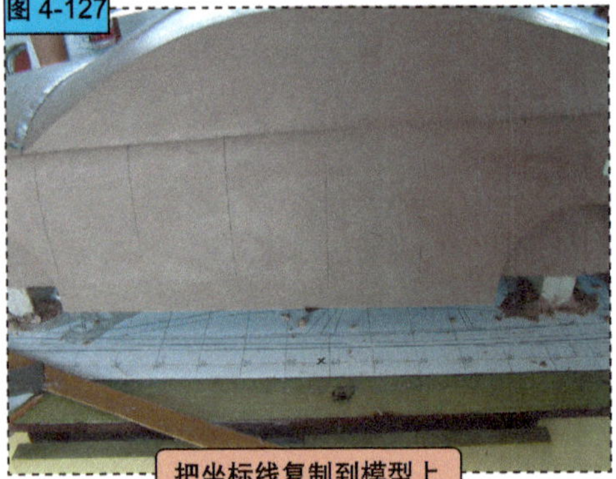
把坐标线复制到模型上

图 4-128
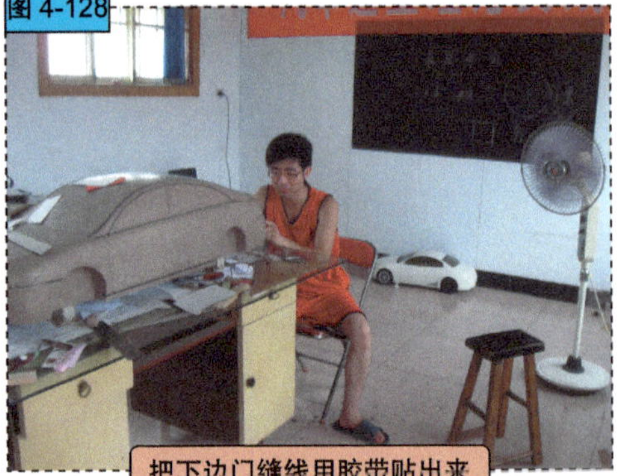
把下边门缝线用胶带贴出来

（4）再把特征线也贴出来。贴特征线时先按照数据点贴出来，一定还要进行仔细调整，因为数据点是平面上的数据，贴出的线是在立体面上，难免有不光顺的地方，所以要靠造型师的眼力进行调整（图 4-130）。

图 4-129
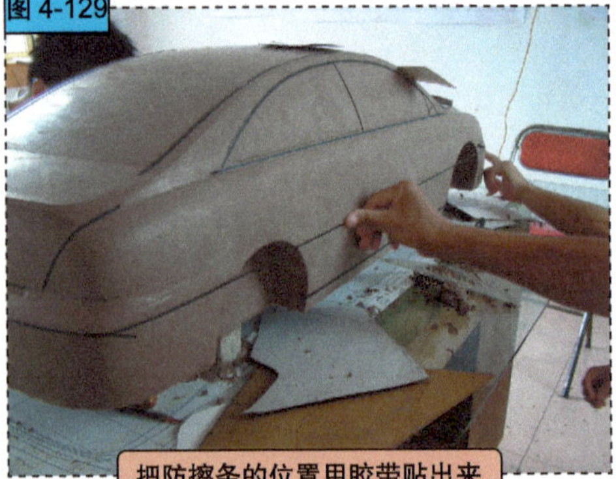
把防擦条的位置用胶带贴出来

图 4-130

把特征线用胶带贴出来

用胶带贴出特征线以后，在用刮刀刮缝前要仔细检查胶带贴得是否牢固，如果有松动的地方，可用手指直接按一按，不要用手指按住胶带往一边捋，以免胶带变形，造成线条不光顺。

（5）特征线的制作。用三角油泥刮刀尖头沿胶带轻轻刮一下，在刮的时候注意刮刀角度，应按截面图要求把刮刀摆成 45° 左右（图 4-131）。

（6）用尖头刮一下以后，再用三角油泥刮刀的直角慢慢刮，因为特征线要求中间粗两头细，所以中间要刮得深一点、两头浅一点（图 4-132）。

（7）刮好特征线后，按照截面图用精细刮刀把特征线下边车身的弧度做出来（图 4-133、图 4-134）。

（8）因为防擦条和前后保险杠上边缘是前后贯通的，贴好胶带后，用三角油泥刮刀沿胶带轻轻刮一下就行，主要为了安装防擦条时有准确的位置（图 4-135）。

（9）用铅笔把门缝线刮出来，主要看看门缝下边的闭合情况（图 4-136）。

（10）另外车身底边也就是门缝上边还有一条棱线，按照侧视图把数据复制到模型上，按数据点贴胶带，用蛋形刮刀把凹进去的弧面刮出来，在刮削车身凹进去的部位时，最好参照车身截面图或听从设计师的意见。用直角刮刀把整个弧面过渡一下，再用异型刮板精心修整好就可以了（图 4-137）。

图 4-131

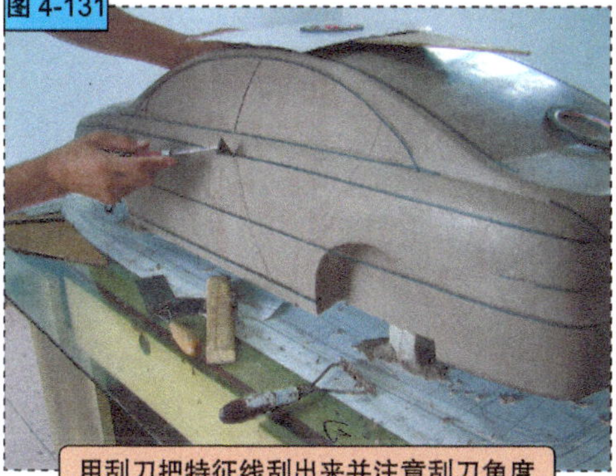

用刮刀把特征线刮出来并注意刮刀角度

图 4-132

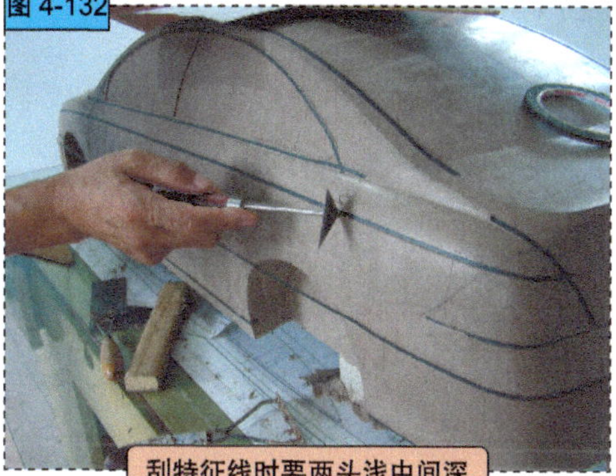

刮特征线时要两头浅中间深

图 4-133

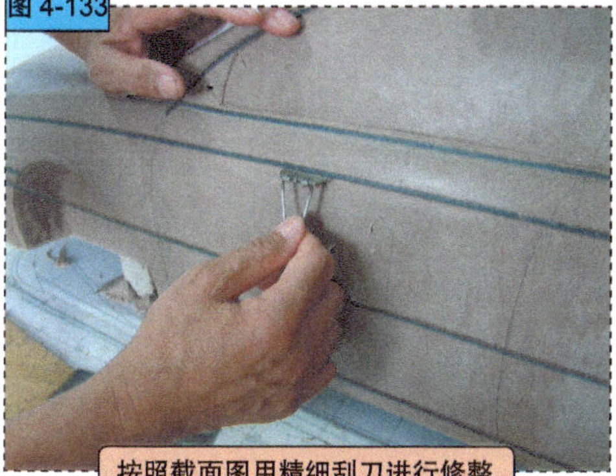

按照截面图用精细刮刀进行修整

图 4-134

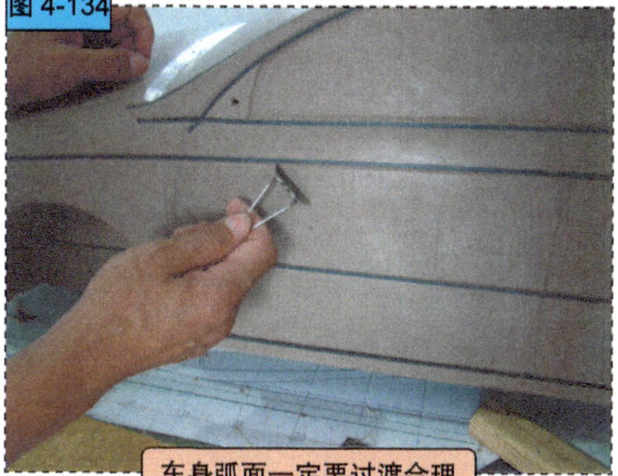

车身弧面一定要过渡合理

图 4-135

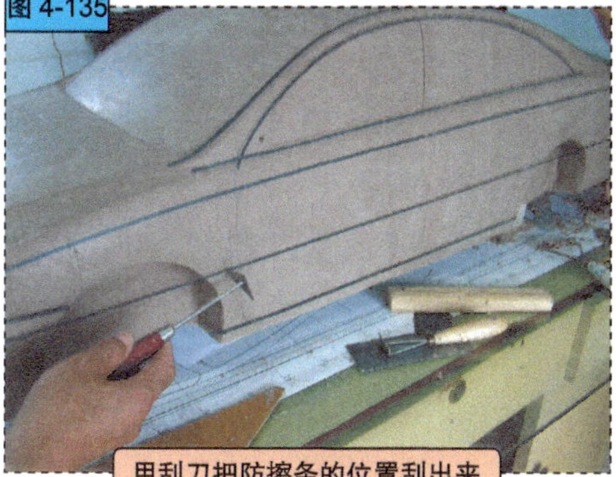

用刮刀把防擦条的位置刮出来

图 4-136

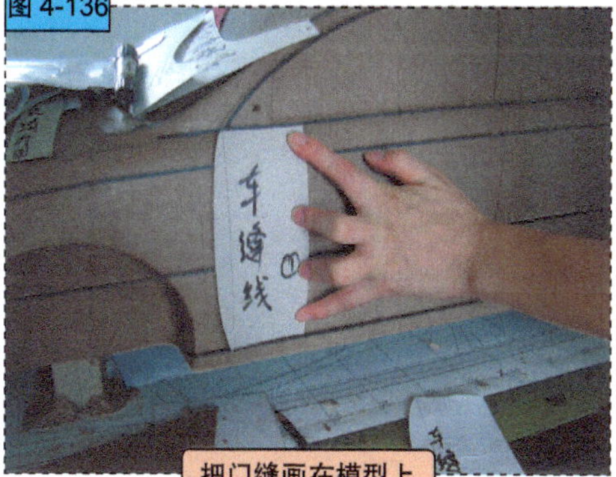

把门缝画在模型上

（11）车身全部修整好以后，再安装防擦条。防擦条有两种制作方式，一种是在车身上制作，另一种是制作好以后再安装到车身上，这里介绍第二种方式。先在平台上把油泥制作成需要的形状，用吹风机在画好的线上吹一吹，让油泥温度略高一些，把制作好的油泥条按画好的线贴上去，用大拇指使劲按一下，使油泥粘合到一起，按照要求用刮刀修整好就可以了（图 4-138~ 图 4-140）。

图 4-137

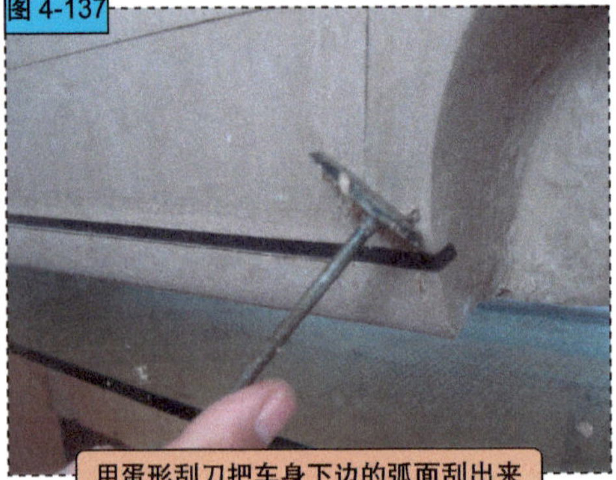

用蛋形刮刀把车身下边的弧面刮出来

图 4-138

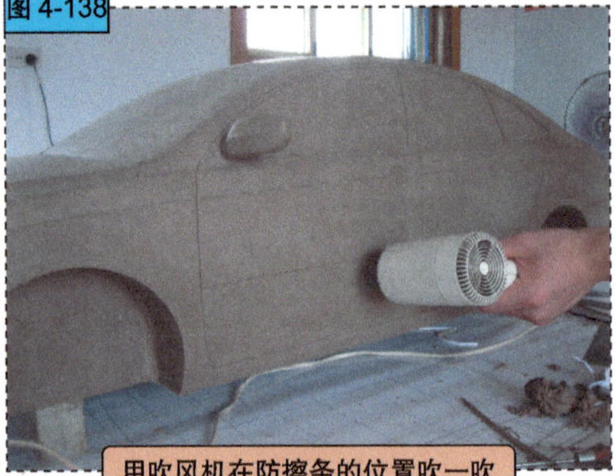

用吹风机在防擦条的位置吹一吹

图 4-139

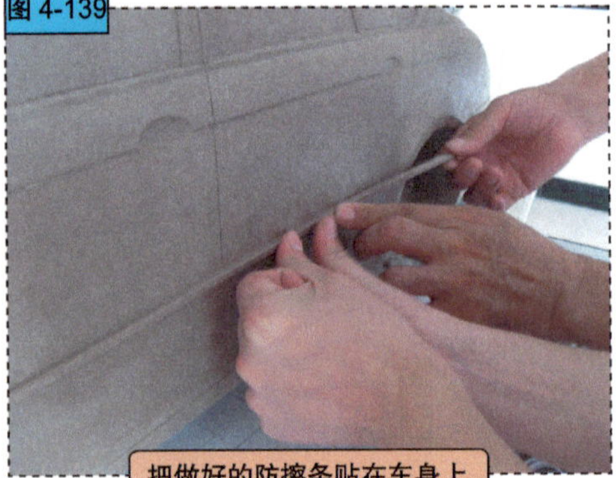

把做好的防擦条贴在车身上

图 4-140

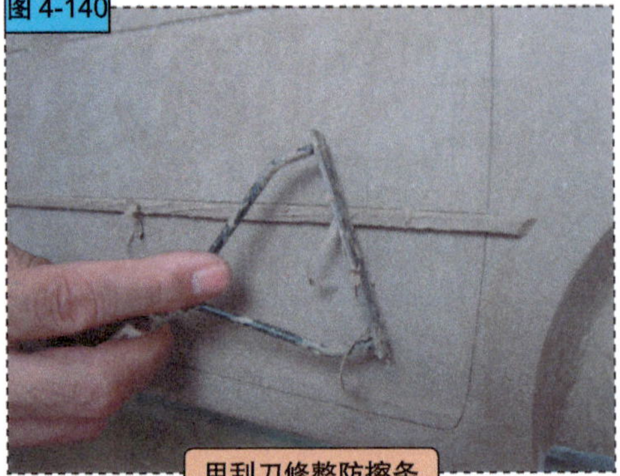

用刮刀修整防擦条

第七节　发动机舱盖的制作

发动机舱盖的制作包含程序比较多，本节中，制作过程没有分成环节介绍，只是按照制作顺序来编写。

发动机舱盖中心部位已全部刮到位，Y0 坐标线以及 X 方向坐标线，也已复制到发动机舱盖上，现在从发动机舱盖两边开始制作。

一、发动机舱盖及两边各部位的制作

（1）拿尺子从中心线，按照俯视图数据往两边量控制点（图 4-141）。

（2）用高度尺依据侧视图数据，按坐标往发动机舱盖上复制控制点（图 4-142）。

（3）按照控制点进行刮削，在刮削中千万不要刮到中心部位（图 4-143）。

（4）拿出发动机舱盖样板进行检查，如果样板和模型还没有全部吻合，则继续进行修整（图 4-144）。

图 4-141

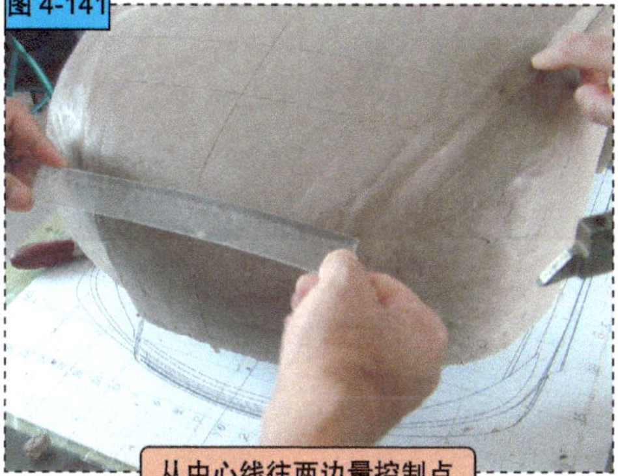

从中心线往两边量控制点

图 4-142

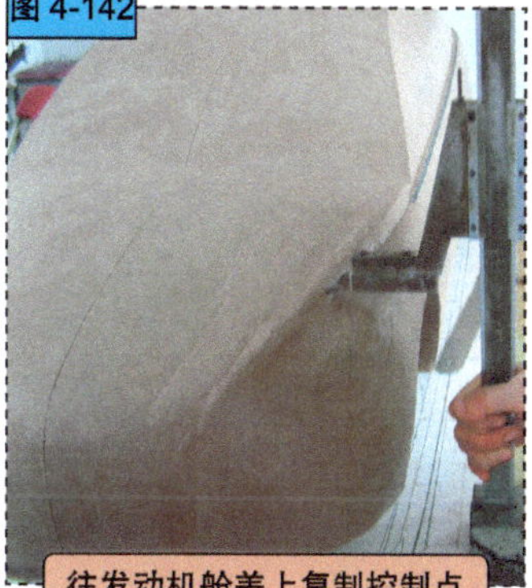

往发动机舱盖上复制控制点

图 4-143

按照控制点刮削

图 4-144

用样板验证弧面

（5）修整好以后检查发动机舱盖光顺度。拿一块笔直的刮板，把上面的油泥清理干净，将刮板放到发动机舱盖的面层上，用手指按住刮板两头，看看刮板是否和油泥吻合，如果不完全吻合，还需要找出原因再进行修整（图 4-145、图 4-146）。

图 4-145

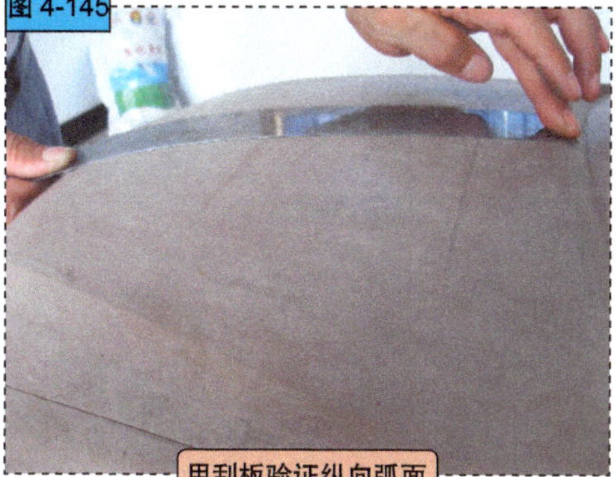

用刮板验证纵向弧面

（6）按俯视图做一块发动机舱盖棱线样板。

（7）使样板对准坐标点放好（图 4-147），用铅笔把棱线画出来（图 4-148）。

（8）用胶带把画好的线贴出来，在贴胶带时最好把汽车前脸往下顺一顺（图

第四章

4-149、图 4-150）。

图 4-146

用刮板验证横向弧面

图 4-147

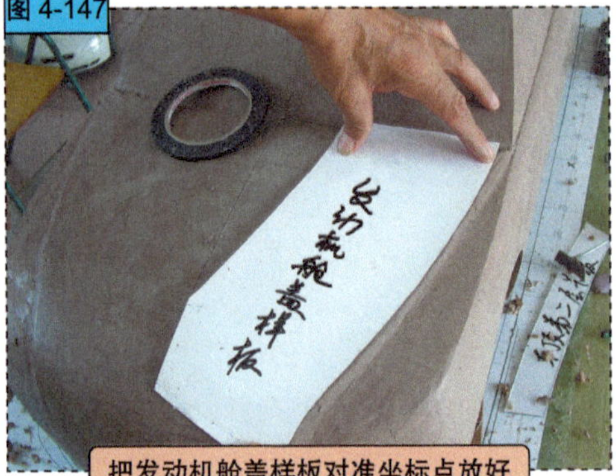

把发动机舱盖样板对准坐标点放好

图 4-148

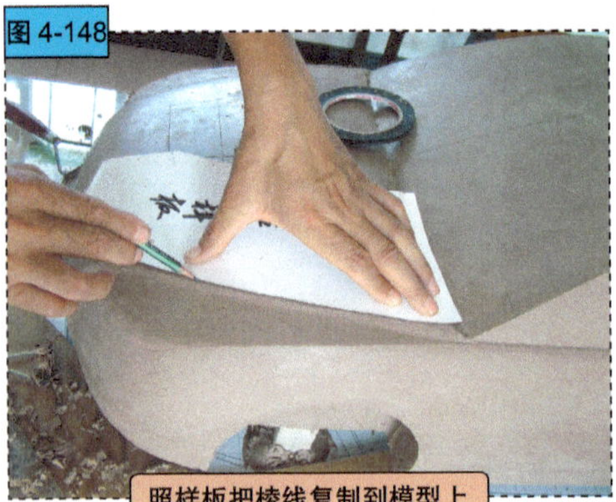

照样板把棱线复制到模型上

图 4-149

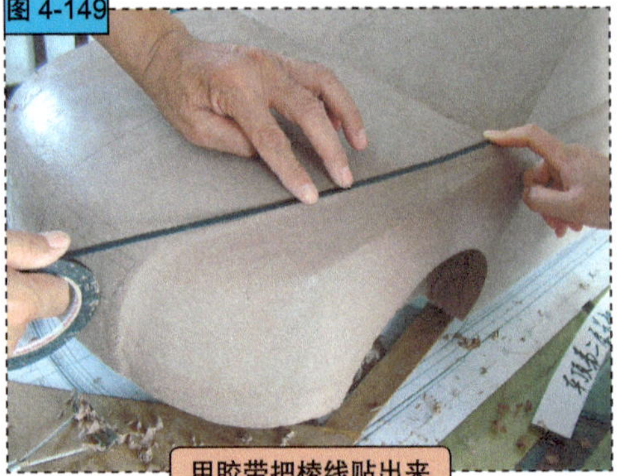

用胶带把棱线贴出来

（9）把胶带贴好后，选用合适的工具把坡面刮出来，在刮发动机舱盖的同时也要把翼子板的边棱刮出来，翼子板是由台肩线过渡而来（图 4-151、图 4-152）。

图 4-150

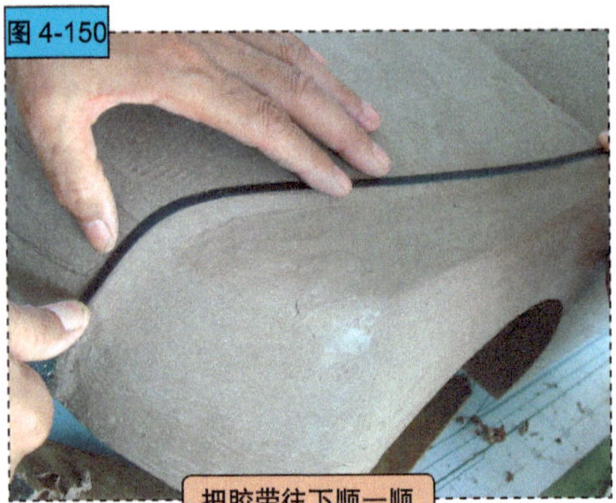

把胶带往下顺一顺

图 4-151

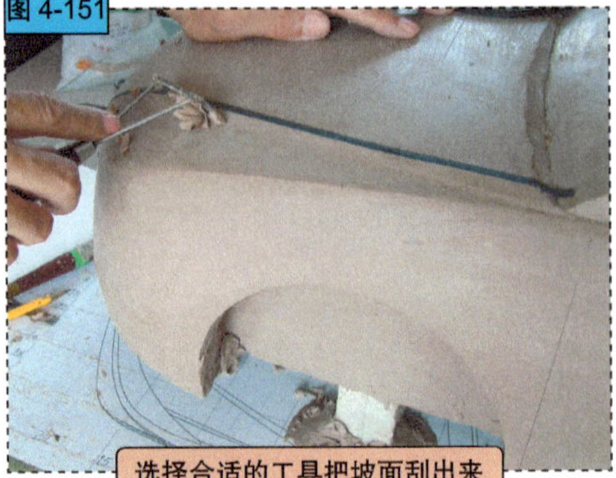

选择合适的工具把坡面刮出来

二、刮水器按放槽的制作

（1）做一张刮水器槽样板，按坐标放好用铅笔把线画出来（图 4-153）。

（2）线画好后，把胶带沿线贴好（图 4-154）。

（3）胶带贴好后，用三角油泥刮刀沿胶带把槽刮出来，在制作 1 ∶ 4 模型雨水槽时不做细节，只刮出一个坡度即可（图 4-155）。

图 4-152

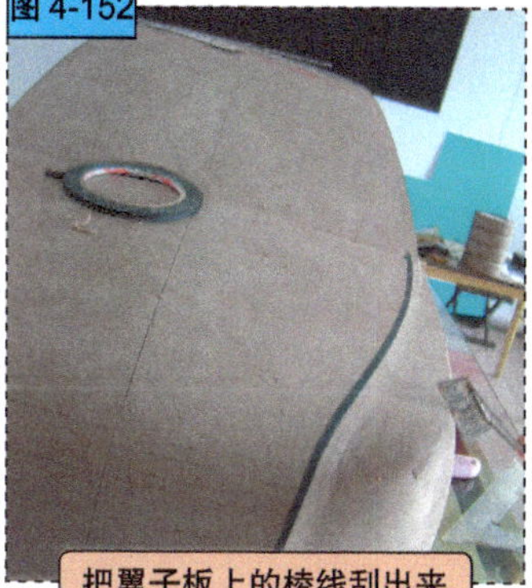

把翼子板上的棱线刮出来

图 4-153

把刮水器口复制到模型上

图 4-154

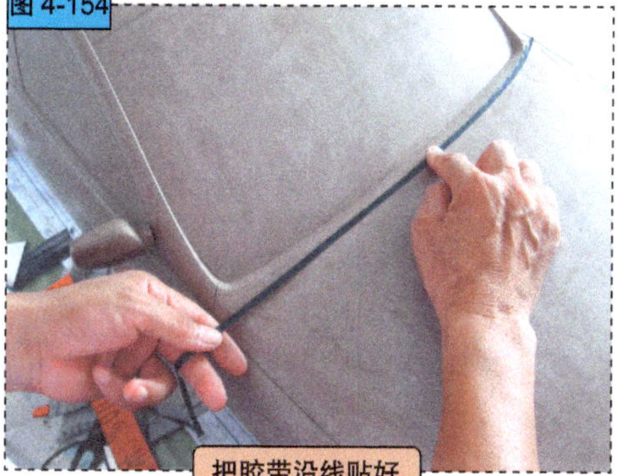

把胶带沿线贴好

图 4-155

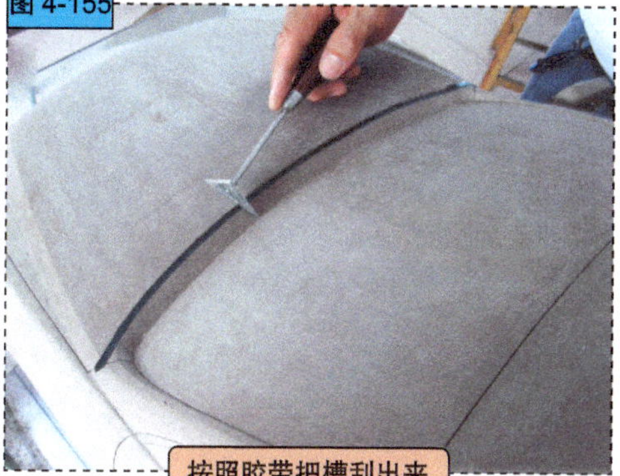

按照胶带把槽刮出来

三、前脸、格栅、前照灯的制作

（1）做完发动机舱盖上部，再制作汽车前脸，首先把 Z 方向坐标线复制到前脸上（图 4-156）。

（2）把样板按坐标放好，第一验证前脸是否圆顺，第二看前脸两边坐标点是否在同一坐标线上，如果不够圆顺和两边不在同一坐标线上，要进行修整(图 4-157、图 4-158）。

（3）前脸修整好后，拿出准备好的格栅样板用铅笔画在模型上。格栅样板在制作时可以做成一块，也可以做成两块，不管怎样制作都是从中心向两边延伸（图

4-159）。

图 4-156
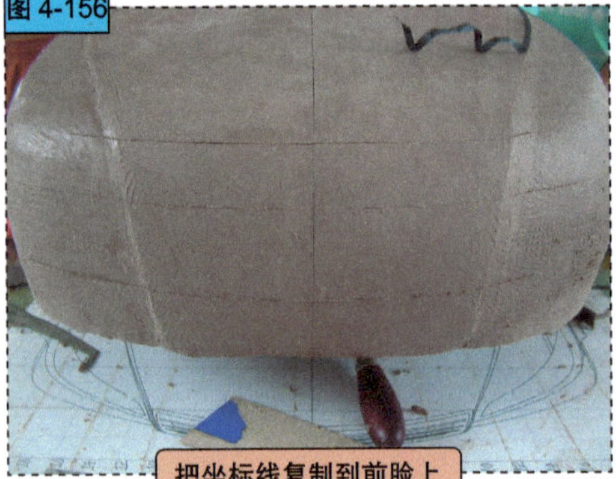
把坐标线复制到前脸上

图 4-157
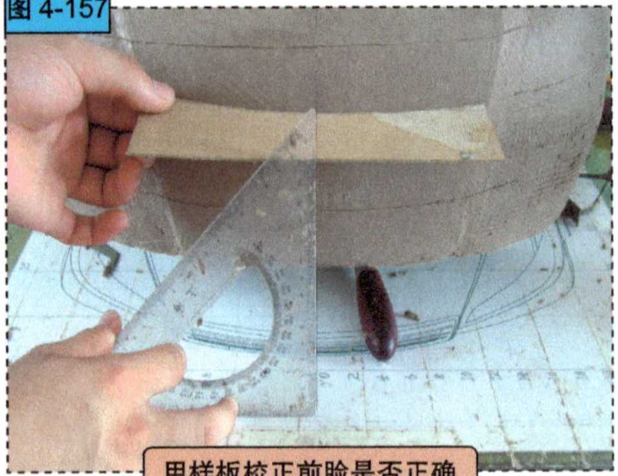
用样板校正前脸是否正确

图 4-158

再次修整格栅部位弧面

图 4-159
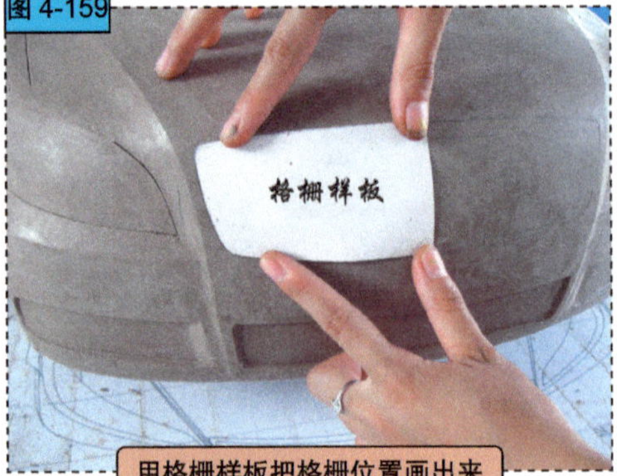

用格栅样板把格栅位置画出来

格栅的部位做好后，下一步可以做车灯部位。在造型中这个部位是最难制作的，因为设计师在设计时，根本就没有考虑前面还有什么棱角，所以造型师没有夹角点可定，侧面的角线在转角处全部渐消掉了，这给造型带来很大的困难。因为在这个部位，既要考虑前面的角度，又要考虑侧面的姿态，这就需要造型师有丰富的经验。

（4）首先按照侧视图，把格栅边线以车灯部位的凹面刮出来，先不考虑保险杠（图 4-160）。

（5）车灯部位刮得差不多后，还要做几张样板进行修整。首先做一张侧面样板，在使用样板时要严格按照坐标及坐标线放置，放好样板后看看样板和油泥模型是否吻合，如不吻合分析是哪方面原因，再进行修整（图 4-161）。

（6）再做一张前面的样板并验证，操作同上（图 4-162）。

（7）再做一张转角对称样板并验证（图 4-163）。转角对称样板在使用时，要把 Z 方向坐标线复制到模型上，样板使用时应顺 Z 方向坐标线使用。

图 4-160

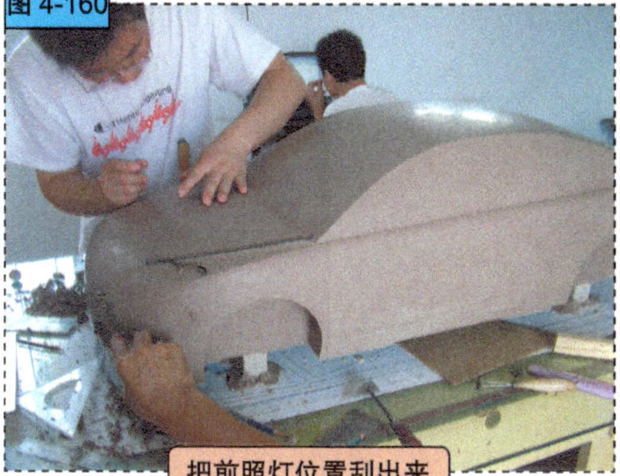

把前照灯位置刮出来

图 4-161

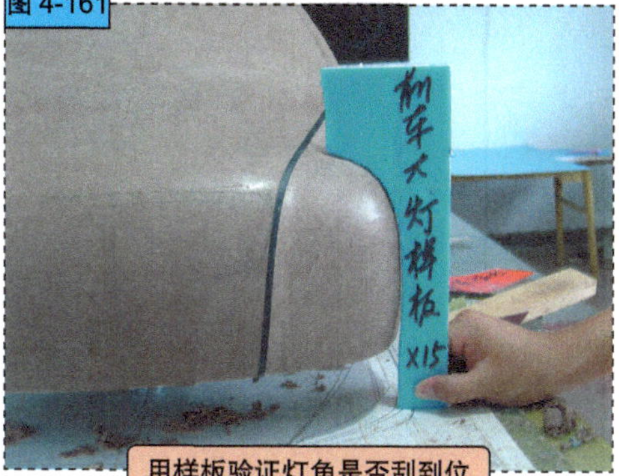

用样板验证灯角是否刮到位

图 4-162

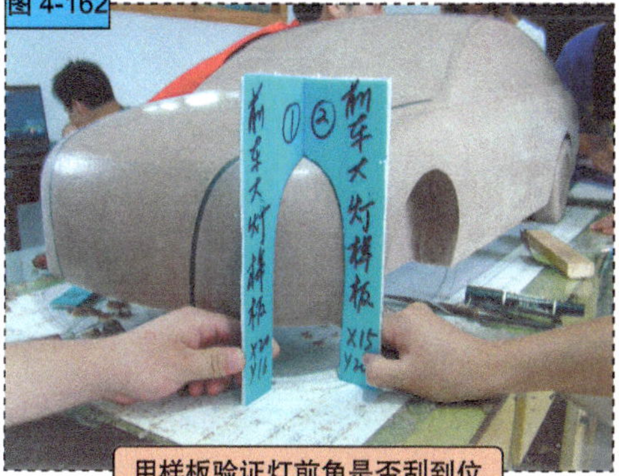

用样板验证灯前角是否刮到位

图 4-163

用对称样板验证灯下边是否到位

（8）车灯部位对称完以后，前脸要进行一次精修，要重新贴胶带进行修整棱线（图 4-164、图 4-165）。

图 4-164

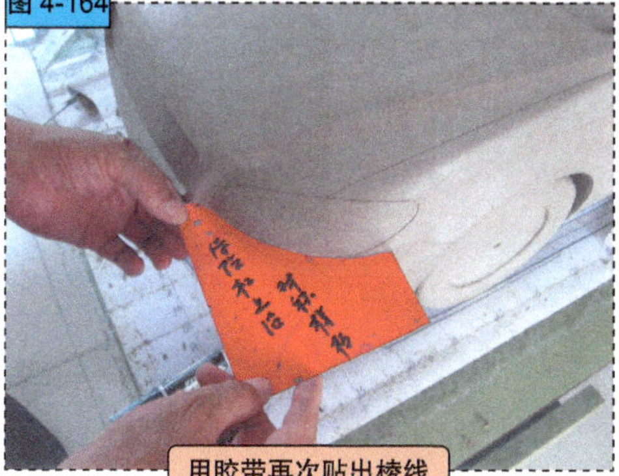

用胶带再次贴出棱线

图 4-165

准备再次进行修整

（9）要做两张车灯样板，因为灯的部位特别突出，分成两块有利于样板修整及定点画线。做好样板后，按照样板把线画到模型上，好让设计师尽早提出修改意见（图 4-166）。

（10）保险杠做好后，按照前正视图，把下边的进风格栅和雾灯位置复制到模型上，用胶带按点贴出来，选用合适的工具把油泥挖出来（图 4-167~ 图 4-169）。

图 4-166

用样板把灯的位置画出来

图 4-167

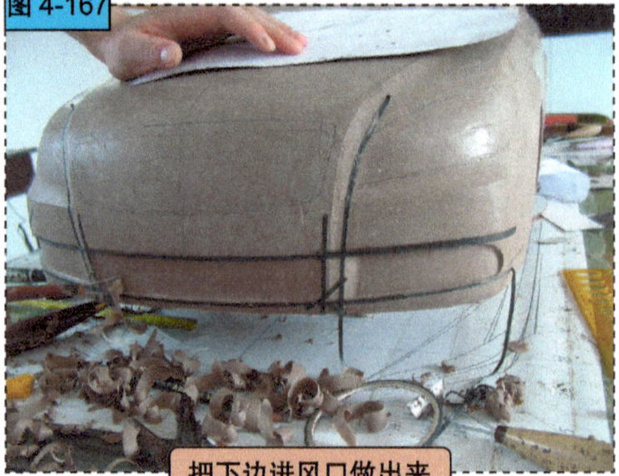

把下边进风口做出来

图 4-168

深度由自己掌握

图 4-169

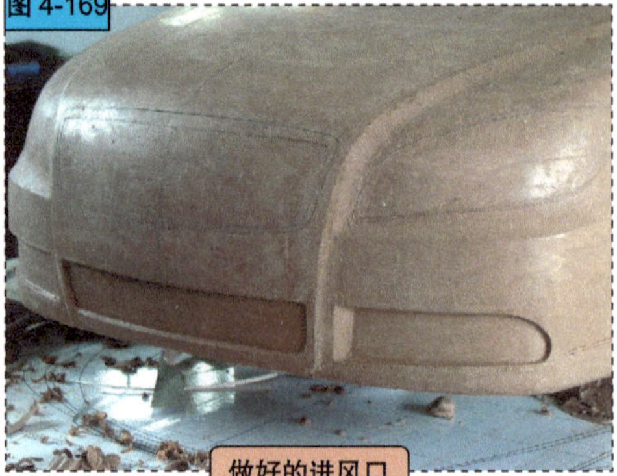

做好的进风口

（11）按照画好线的格栅口用胶带贴出来，用合适的工具把油泥挖出来，深度为以后做的格栅厚度。也有按照图样直接在模型上做格栅的，但是在模型上做的格栅没有木制的细致（图 4-170~ 图 4-172）。

图 4-170

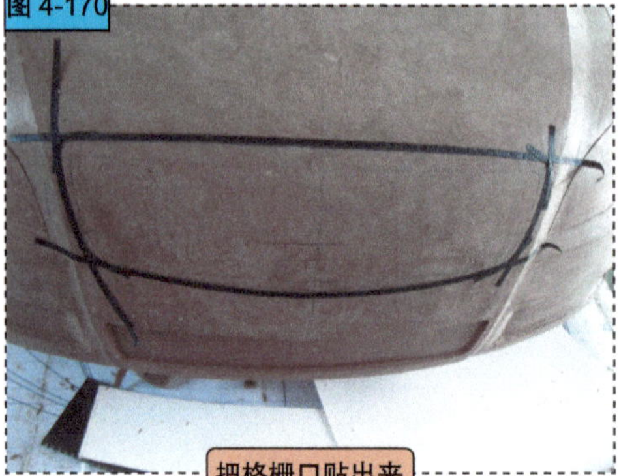

把格栅口贴出来

图 4-171

把格栅口挖出来

图 4-172
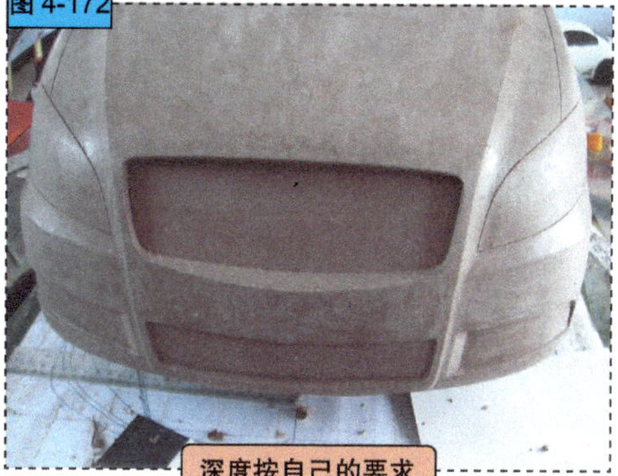
深度按自己的要求

第八节　行李箱及后尾的制作

一、行李箱盖的制作

（1）在制作行李箱之前，用胶带把台肩线引到后尾（图 4-173）。

（2）用高度尺校正一下后尾两边的高度，如有差距找出问题，再进行校对。校对好高度后，调整胶带时一定要往前多顺一顺，使台肩线一定要光顺（图 4-174）。

图 4-173
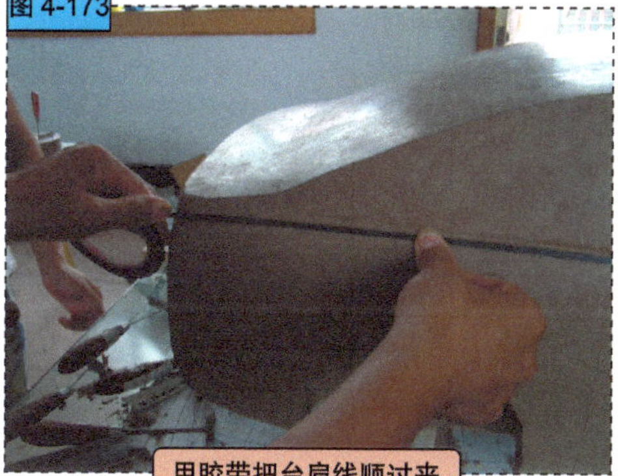
用胶带把台肩线顺过来

图 4-174
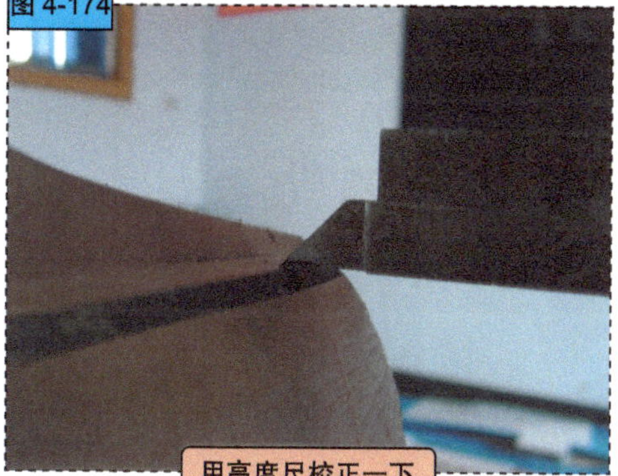
用高度尺校正一下

（3）贴好胶带后用精细刮刀刮出台肩线来。在刮台肩线的同时，把 C 柱的棱线用刮刀也刮出来（图 4-175、图 4-176）。

（4）在刮削行李箱时，虽说不能刮削到中心线上，但也要用长刮板来刮削，在刮削时注意中心部位就可以了（图 4-177）。

（5）在刮削时，经常用后尾样板比对一下，看是否和样板全部吻合，如果不够吻合再继续修整（图 4-178）。

图 4-175

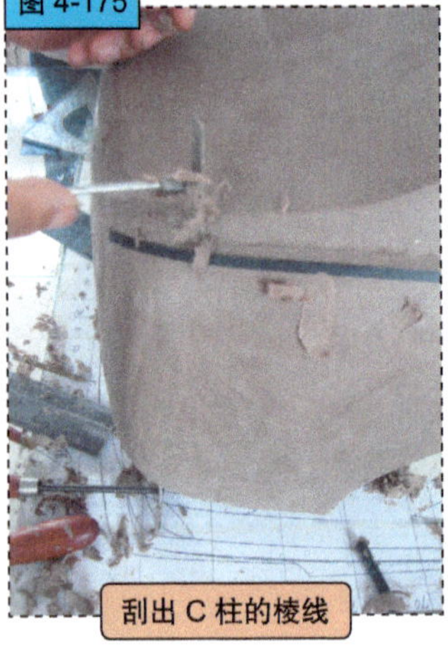

刮出 C 柱的棱线

图 4-176

一定要修整光顺

图 4-177

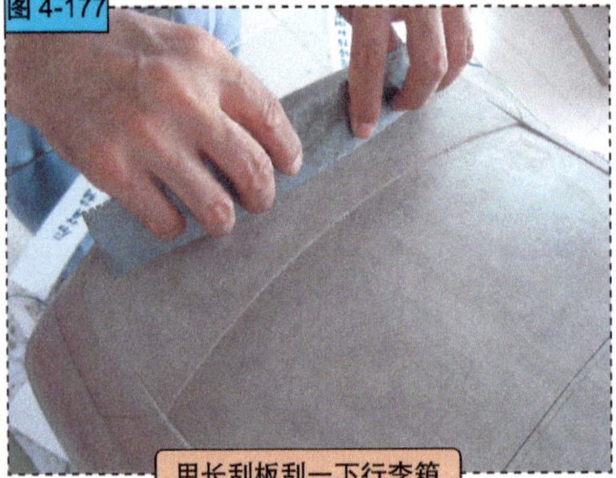

用长刮板刮一下行李箱

图 4-178

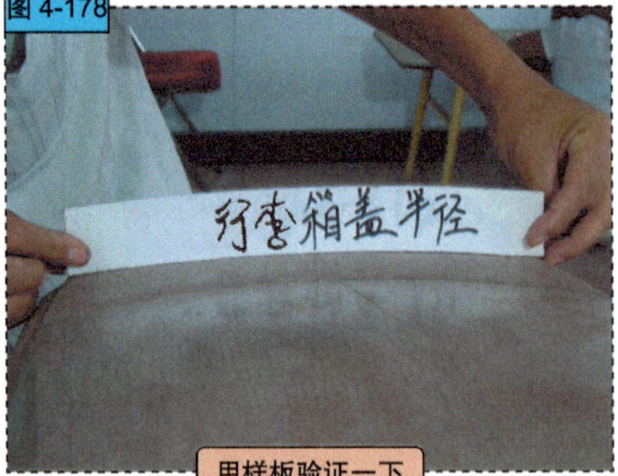

用样板验证一下

（6）行李箱盖刮好后，首先把行李箱盖前边与后风窗玻璃连接处制作出来。拿行李箱盖前边样板对准坐标点放好，用三角油泥刮刀沿样板刮出缝隙来，行李箱和风窗玻璃的间隙在 1 ∶ 1 车上不大于 8mm，在 1 ∶ 4 的模型上是 2mm 的台子（台子指的是行李箱盖与后风窗玻璃的间隙），用三角油泥刮刀勾深以后，用精细刮刀进行修整。修整时要注意，这 2mm 的间隙是以风窗玻璃为主，就是说在刮削时风窗玻璃的面层不可以乱刮，如果发现有地方不对，找出原因后再进行修整（图 4-179~ 图 4-181）。

图 4-179

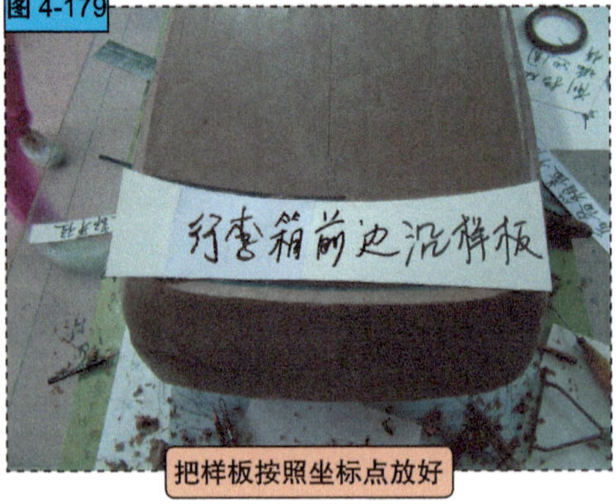

把样板按照坐标点放好

图 4-180

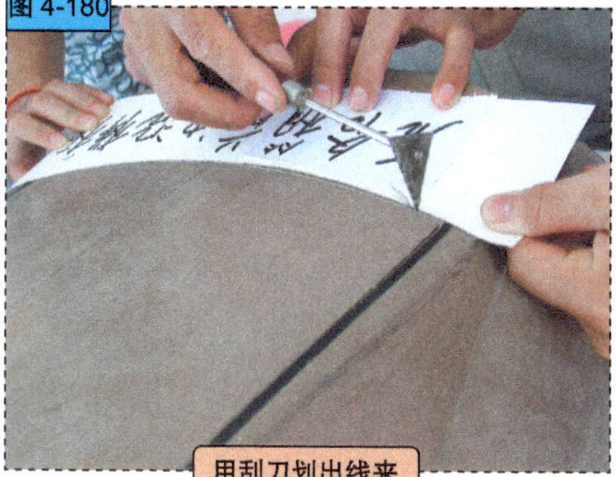

用刮刀划出线来

图 4-181

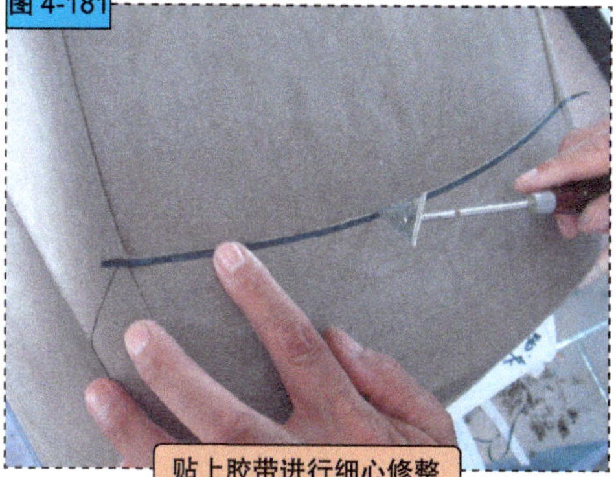

贴上胶带进行细心修整

二、后尾的制作

（1）用高度尺把后保险杠上檐线复制到模型后尾上（图 4-182）。

（2）用后尾样板沿保险杠上檐线比照一下，再用后尾样板比照一下后尾 Z 方向中心。使用样板时一定要平行，也可以用高度尺在后尾 Z 方向中心画一条线，沿线比照一下，看看油泥和样板的吻合情况，如果不吻合则继续进行修整（图 4-183~ 图 4-185）。

图 4-182

用高度尺把后保险杠上檐线复制到后尾上

图 4-183

用底边样板验证后尾的圆顺

图 4-184

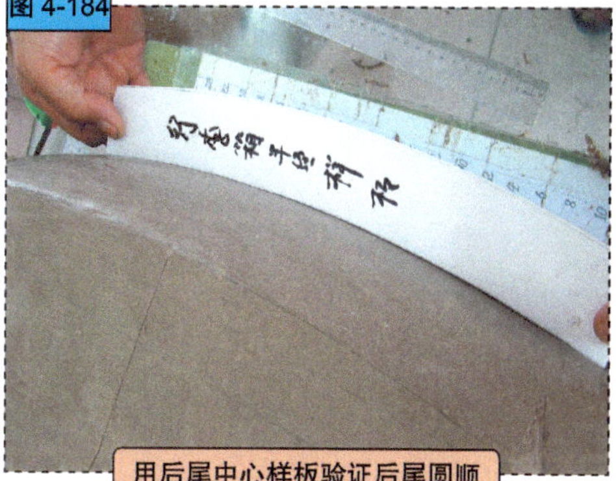

用后尾中心样板验证后尾圆顺

（3）刮削好后尾，再做两边的转角。在刮削过程中，要用后尾转角对称样板不时地检查，一直刮削到油泥和样板全部吻合。使用这样的样板时一定要按照坐标线使用，对称样板一般定位在保险杠上檐线上。关于转角，上半部的造型非常重要，直接关系到整体车身的姿态和后尾的整体协调性。第一要参照后视图，第二要凭造型师的经验，第三可以让设计师提出参照意见，做好一边之后，再做另一边的对称（图 4-186、图 4-187）。

图 4-185

用刮刀修整不够圆顺的部位

图 4-186
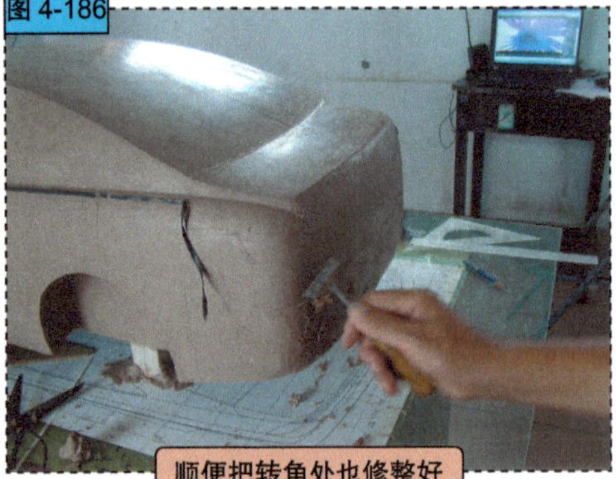
顺便把转角处也修整好

后尾基本刮削好以后，再来做后边的鸭尾造型。在前期的造型中没有把后边鸭尾造型考虑进去，原因是前面讲到的加减法给造型带来的方便，若造型前期就把鸭尾造型一并做出来，那将对整个行李箱的光顺制作带来很大影响，也就是说把鸭尾造型一块做，会给整体刮削带来麻烦。所以把行李箱整体做光顺以后，再用添加法来制作鸭尾，这样，可大大提高模型整体的光顺度。

（4）先在行李箱上边贴上胶带，在后尾上也贴上胶带，贴胶带时要充分考虑鸭尾的过渡。也就是说贴胶带时要尽量宽一点，让鸭尾有充足的过渡空间（图 4-188）。

图 4-187
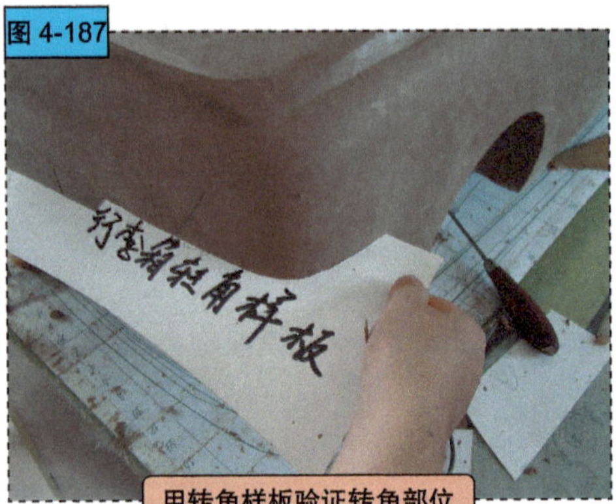

用转角样板验证转角部位

图 4-188
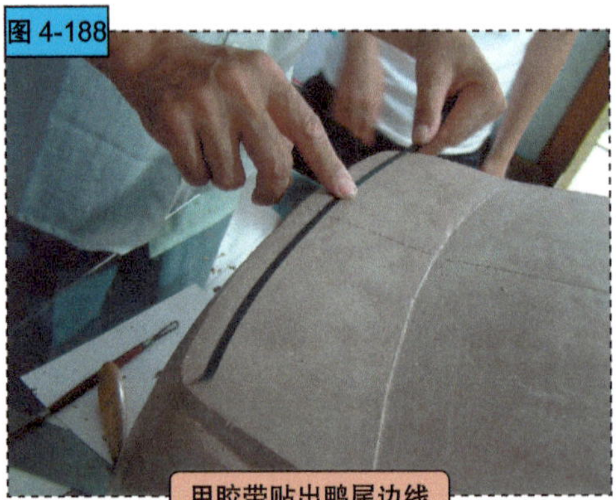
用胶带贴出鸭尾边线

（5）贴好胶带后，把油泥敷上（图 4-189）。

（6）用精细刮刀进行制作。制作这样的造型也考验着造型师的美感和造型表现能力。像这些仿生设计如果制作得好，就是整体最出彩的地方。所以要求造型师不但有高超的造型技术，还要有较好的审美眼光，不但能把二维的设计思想体现到立体模型上，而且让这种仿生美学思想在模型上发挥到极致（图 4-190）。

图 4-189

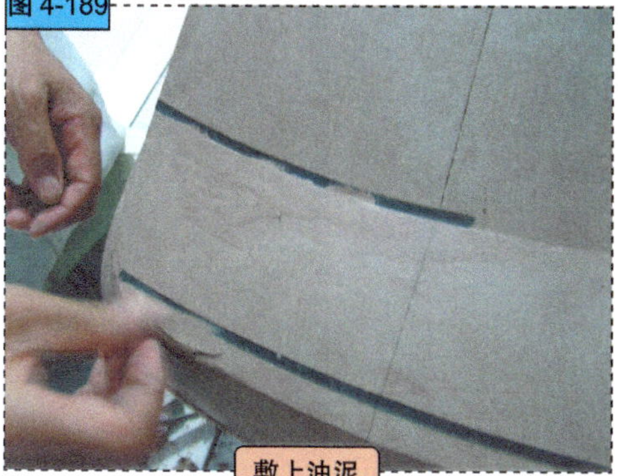

敷上油泥

图 4-190

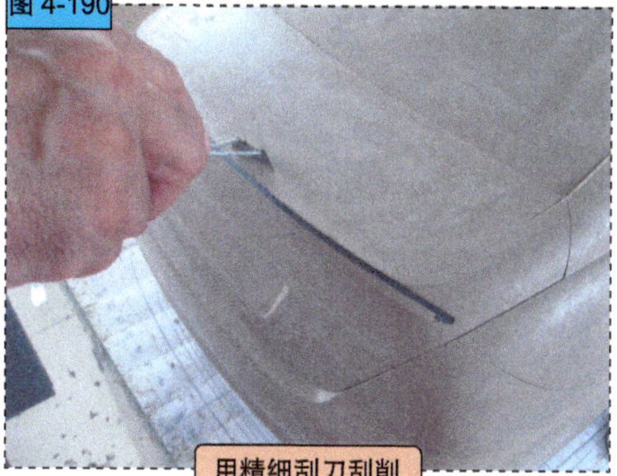

用精细刮刀刮削

（7）像这种设计在制作时，不要急功近利，要边做边看，一定要做到自然大方，使整体造型一气呵成（图 4-191~ 图 4-194）。

图 4-191

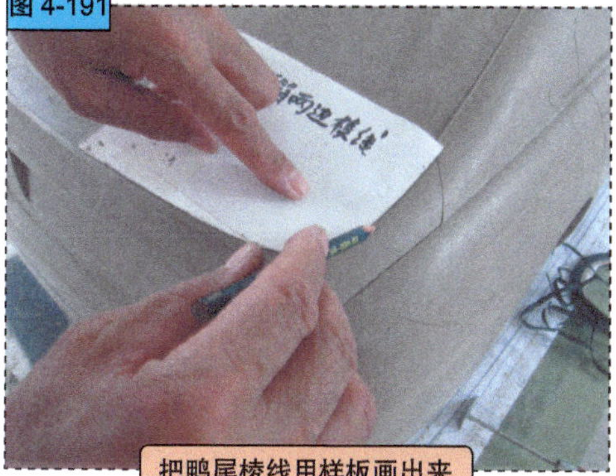

把鸭尾棱线用样板画出来

图 4-192

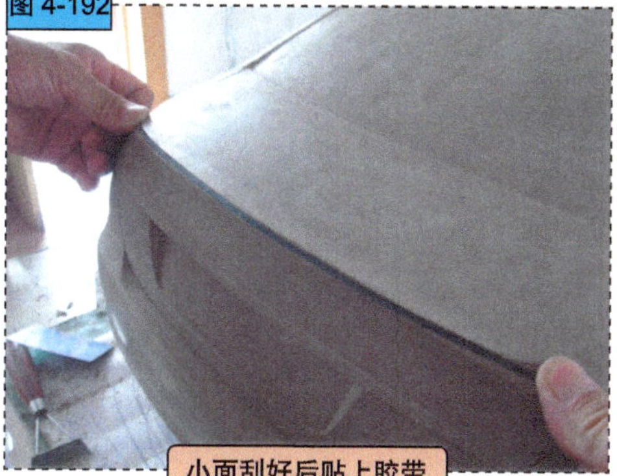

小面刮好后贴上胶带

图 4-193

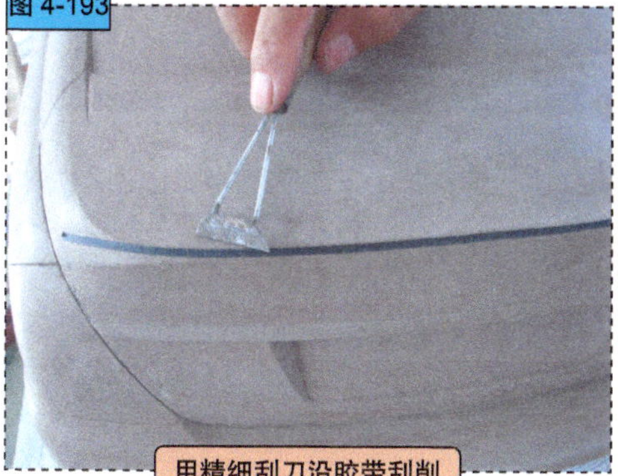

用精细刮刀沿胶带刮削

图 4-194

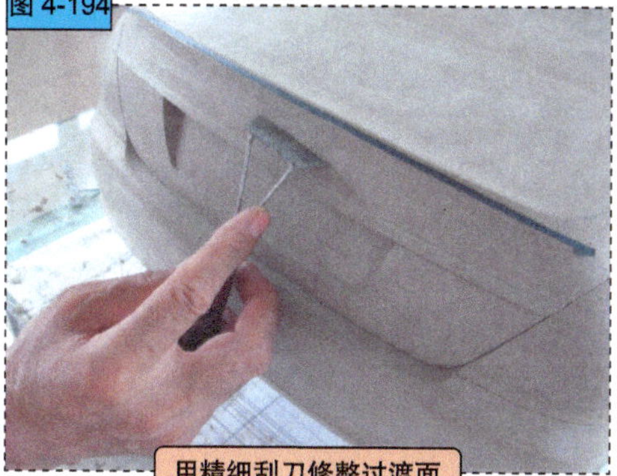

用精细刮刀修整过渡面

（8）做完鸭尾后，进行后尾的整体制作。按照后视图做一张行李箱开口样板，按坐标线放好，用铅笔沿样板画好开口线，再用胶带把开口线贴出来（图 4-195、图 4-196）。

图 4-195

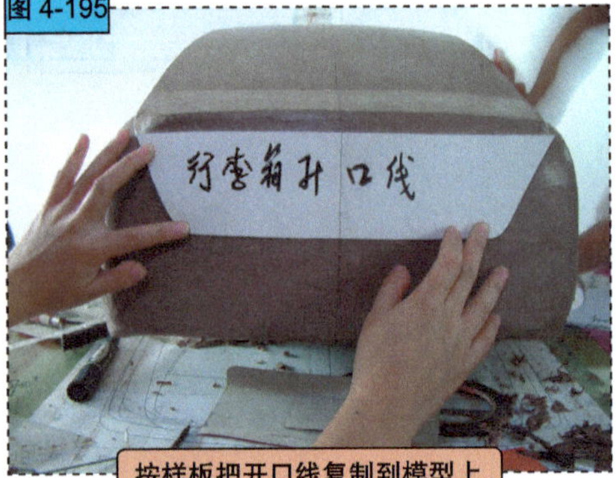

按样板把开口线复制到模型上

图 4-196

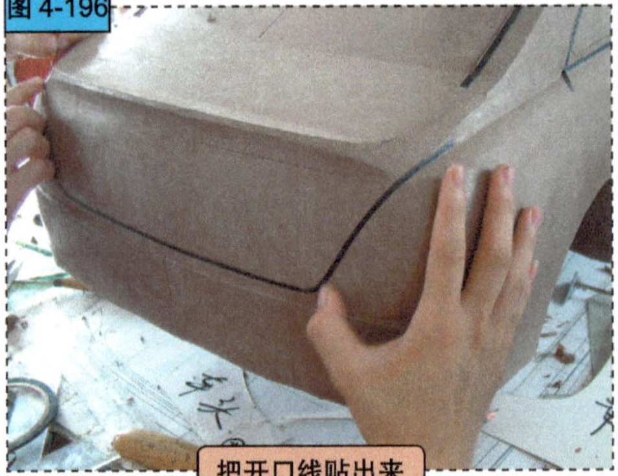

把开口线贴出来

（9）后保险杠做好后，把牌照口上边线复制到模型上，按牌照口样板把牌照口沿样板画出来，用胶带沿线贴好，用三角油泥刮刀沿胶带勾出槽。在勾槽前，最好了解牌照口上下需要的深度和两边的角度，把多余油泥挖掉后，把牌照底面做平整就可以了（图 4-197、图 4-198）。

图 4-197

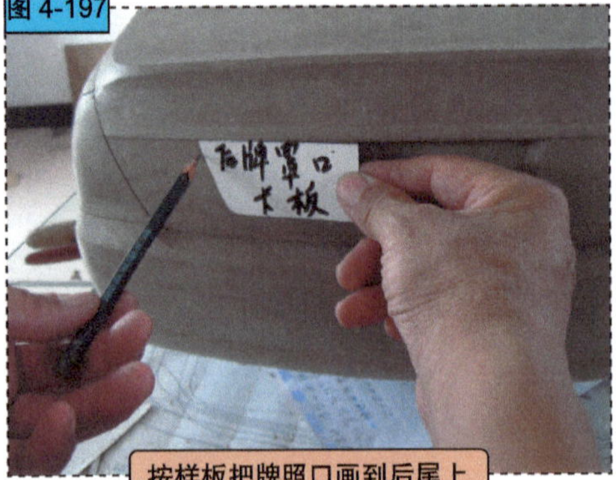

按样板把牌照口画到后尾上

图 4-198

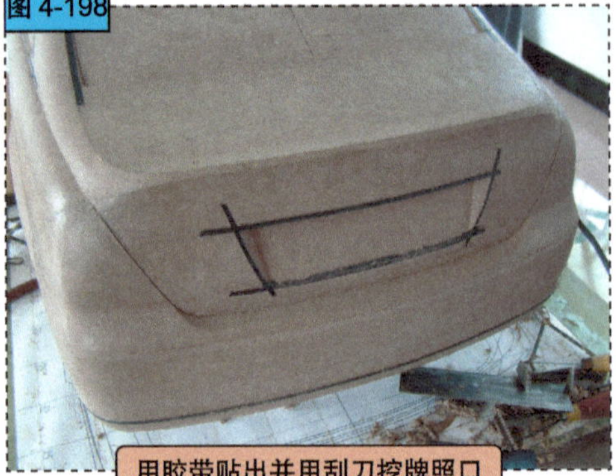

用胶带贴出并用刮刀挖牌照口

（10）牌照口上边装饰条的制作。按照后视图把装饰条的位置复制到模型上，用样板按位置先把上边线画出来，把下边线也画出来。两条线画出来以后，要仔细检查两条线是否光顺，用胶带把装饰条贴出来（图 4-199~ 图 4-201）。

图 4-199

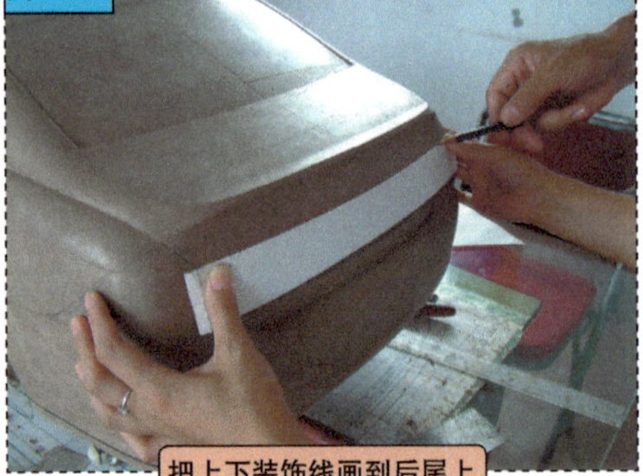

把上下装饰线画到后尾上

（11）贴好胶带后，把油泥敷在两条胶带中间，油泥的厚度按要求敷到位即可（图 4-202）。

（12）敷好油泥后，用精细刮刀按照要求，把装饰条刮光顺，刮光顺后把胶带拆掉。先把装饰条两头按行李箱开口线裁

第四章

好，再用精细刮刀修整一下，顺便把牌照口也修整一下（图 4-203~ 图 4-205）。

图 4-200

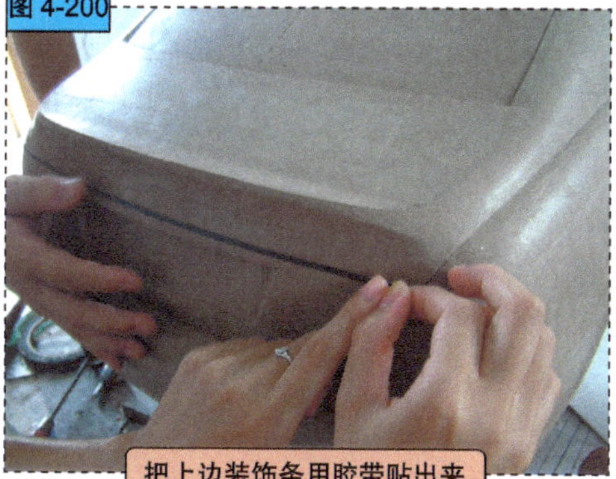

把上边装饰条用胶带贴出来

图 4-201

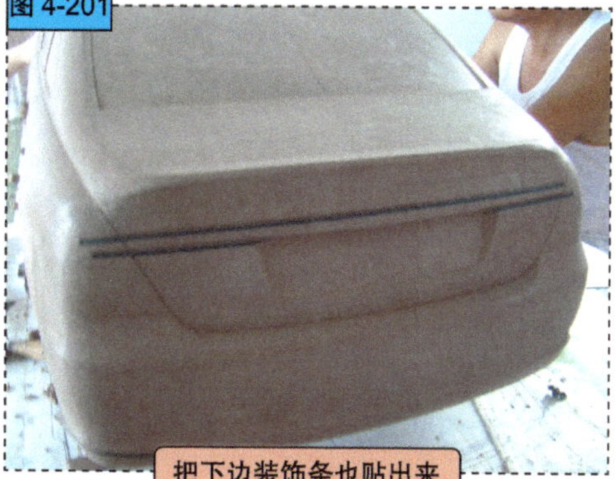

把下边装饰条也贴出来

图 4-202

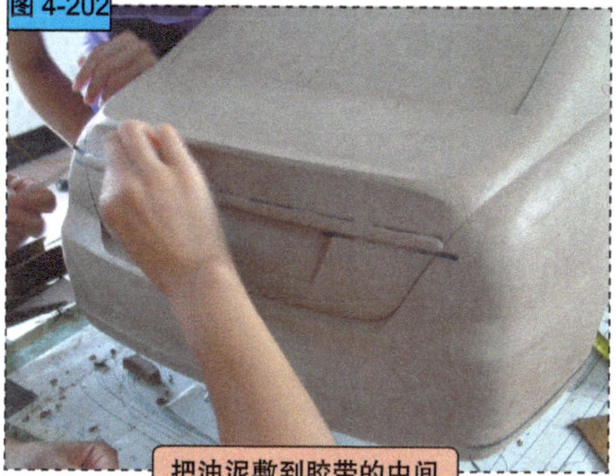

把油泥敷到胶带的中间

图 4-203

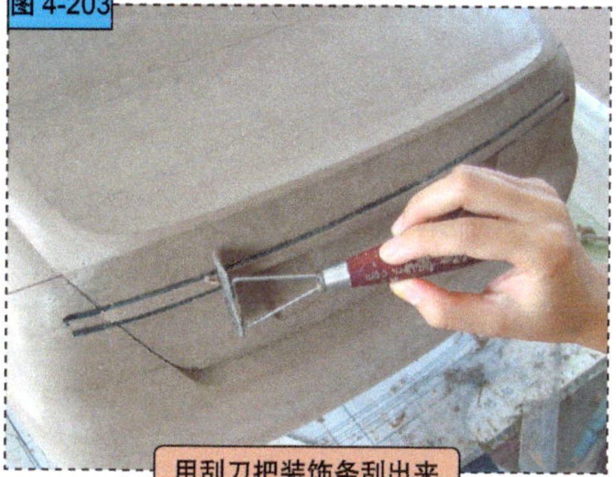

用刮刀把装饰条刮出来

图 4-204

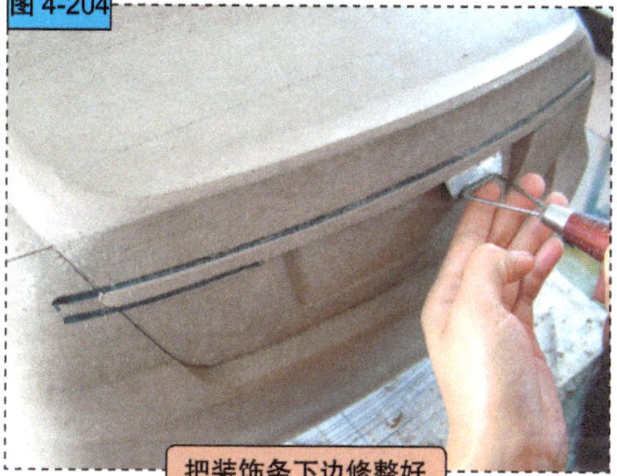

把装饰条下边修整好

图 4-205

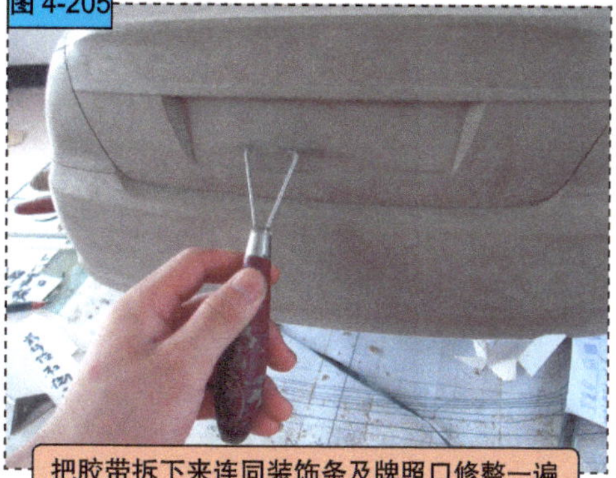

把胶带拆下来连同装饰条及牌照口修整一遍

第九节　前后保险杠的制作

前后保险杠制作也和前两节一样，这里没有去分部写作，只是按照制作程序来编写的。每个制作程序都是从头写到尾，但在实际制作中程序都是交叉使用的。

制作前后保险杠的步骤如下：

（1）在做保险杠前按照侧视图，将保险杠上檐线的数据复制到模型上，按照数据点贴上胶带。贴胶带的作用，一是保护刮好的面，二是保险杠的过渡到此为止不会再往上延伸。贴上胶带后拿一根线验证一下，看看胶带前后是否光顺，如有偏差需要再次调整（图 4-206、图 4-207）。

图 4-206

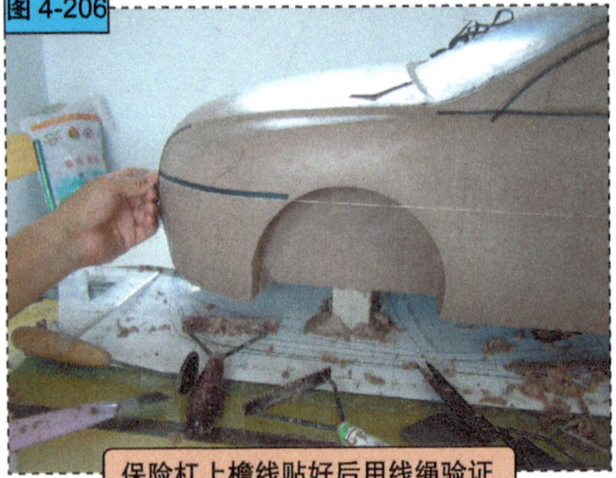

保险杠上檐线贴好后用线绳验证

图 4-207

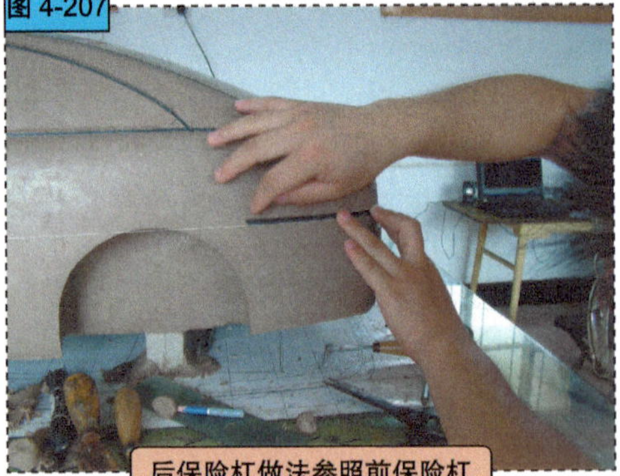

后保险杠做法参照前保险杠

（2）从图 4-208 和图 4-209 看出侧面线在后尾转角后，过渡为平线，而前保险杠线不同，虽经过转角，还是顺侧面的角度一直顺到格栅。

图 4-208

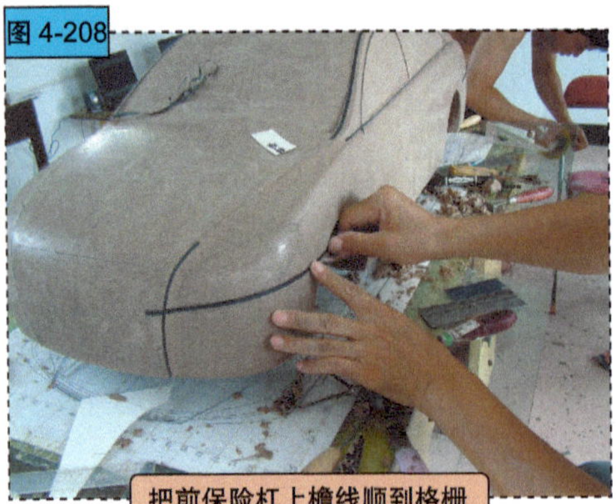

把前保险杠上檐线顺到格栅

图 4-209

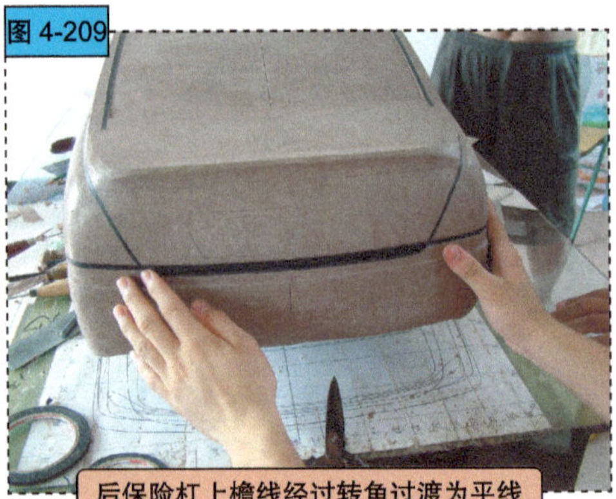

后保险杠上檐线经过转角过渡为平线

（3）胶带贴好以后，就可以敷油泥了，一边敷油泥一边进行修整（图 4-210~图 4-212）。

（4）在保险杠的制作中，验证保险杠的准确性有两种方法：①做两张前后保险杠对称样板，来验证左右两边保险杠的准确性；②用三角尺按照俯视图来验证保险杠的准确性。Z 方向也可以做样板来验证，但在使用样板时，一定要按坐标及控制点使用（图 4-213~图 4-215）。

第四章

图 4-210

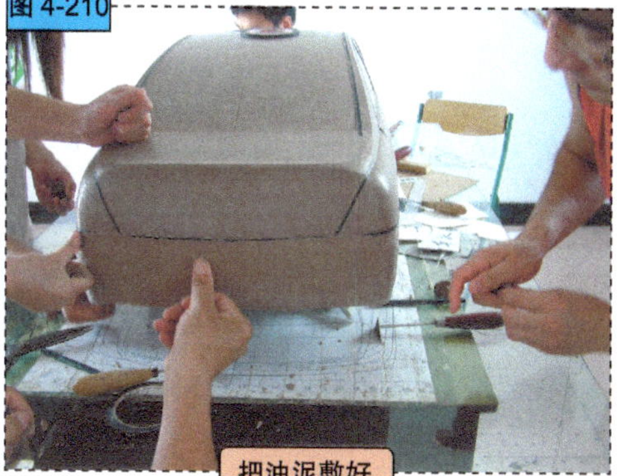

把油泥敷好

图 4-211

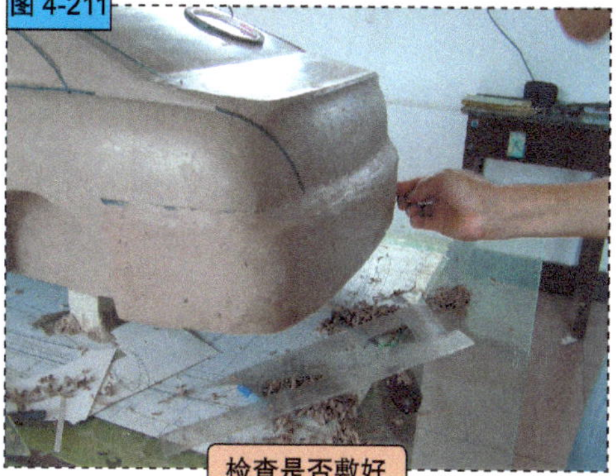

检查是否敷好

图 4-212

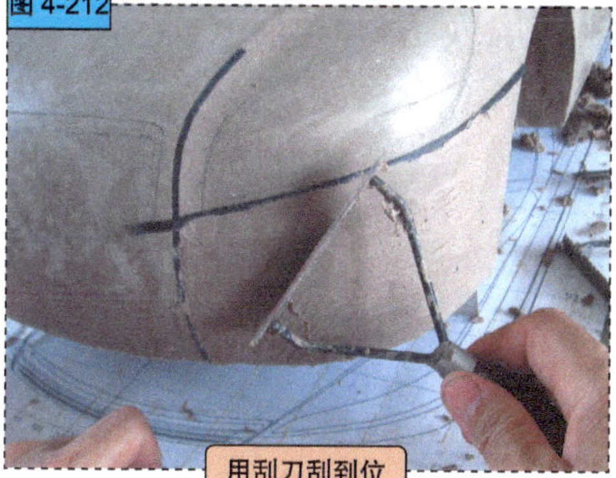

用刮刀刮到位

图 4-213

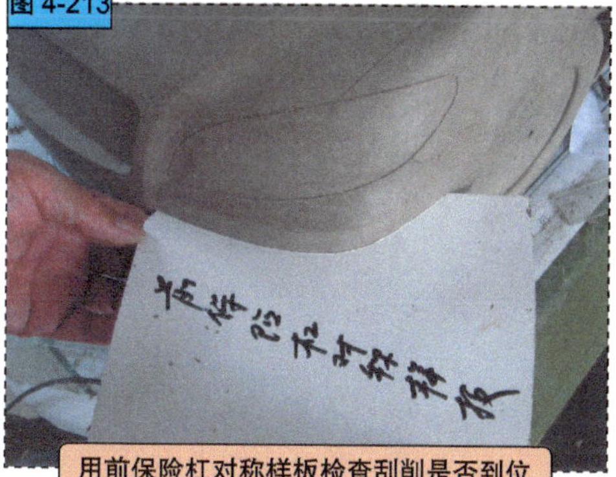

用前保险杠对称样板检查刮削是否到位

图 4-214

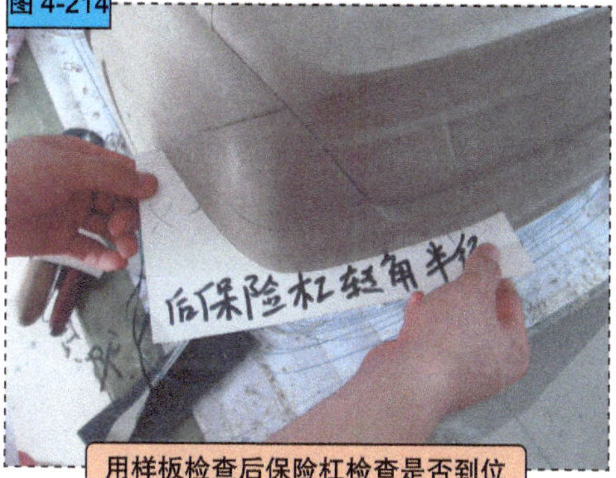

用样板检查后保险杠检查是否到位

图 4-215

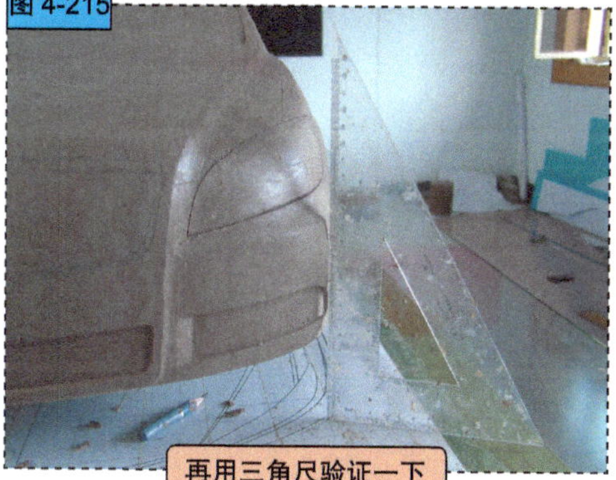

再用三角尺验证一下

（5）刮好前后保险杠以后，贴出保险杠上檐线，顺车身制作防擦条线，把胶带贴到前后保险杠上（图 4-216、图 4-217）。

图 4-216

把前保险杠上檐线贴出来

图 4-217

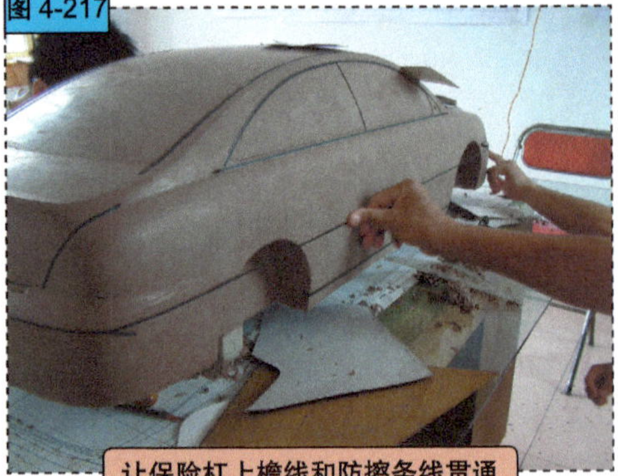

让保险杠上檐线和防擦条线贯通

（6）胶带贴好后，选用合适的工具，把车身和保险杠之间的过渡面按要求刮出来。在刮削的过程中，做两块样板与坐标线比一比，来保证过渡面的统一性（图 4-218、图 4-219）。

图 4-218

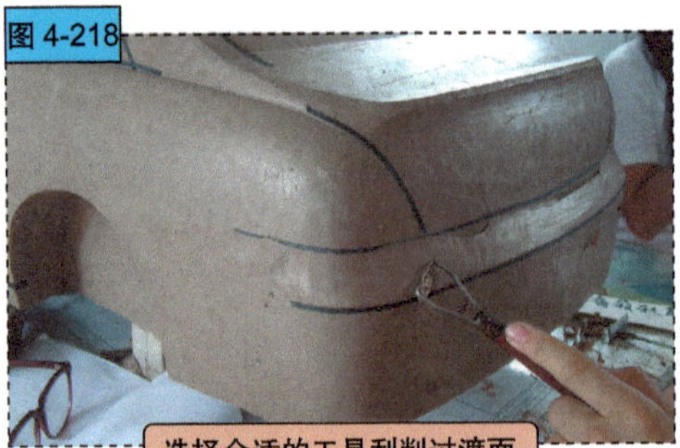

选择合适的工具刮削过渡面

图 4-219

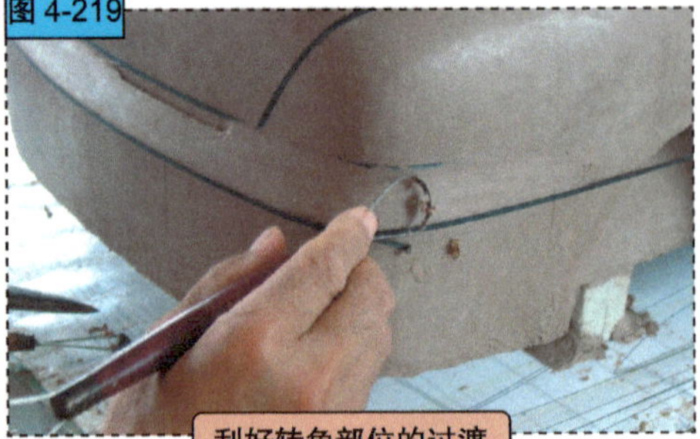

刮好转角部位的过渡

（7）把过渡面刮好后，用高度尺把行李箱开口底线复制到模型上以后，用铅笔把开口线连接起来，用胶带把开口线贴出来。在贴胶带时要注意贴胶带的位置，从图 4-223 不难看出，在用铅笔画连接线时是从胶带的外边画过去的，现在要把线里边的油泥挖掉，所以下边的胶带要贴在线的外边（图 4-220~ 图 4-225）。

图 4-220

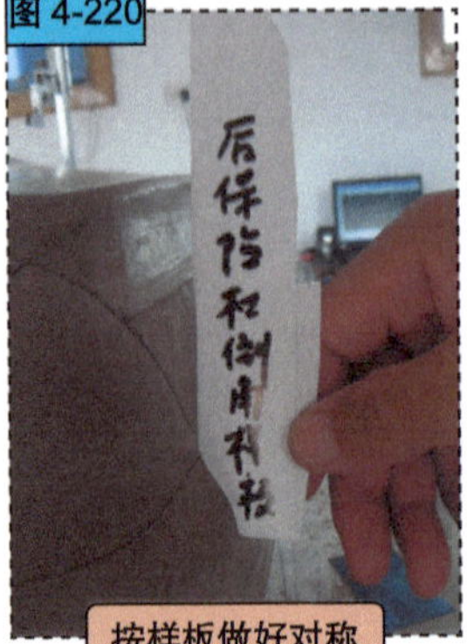

按样板做好对称

图 4-221

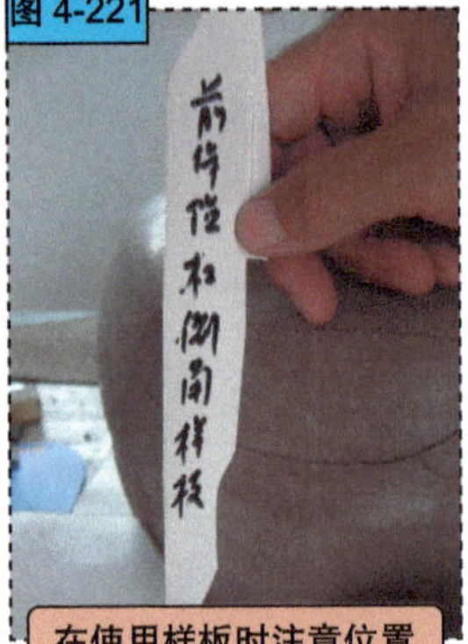

在使用样板时注意位置

图 4-222

用高度尺把行李箱盖开口线复制到保险杠上

图 4-223

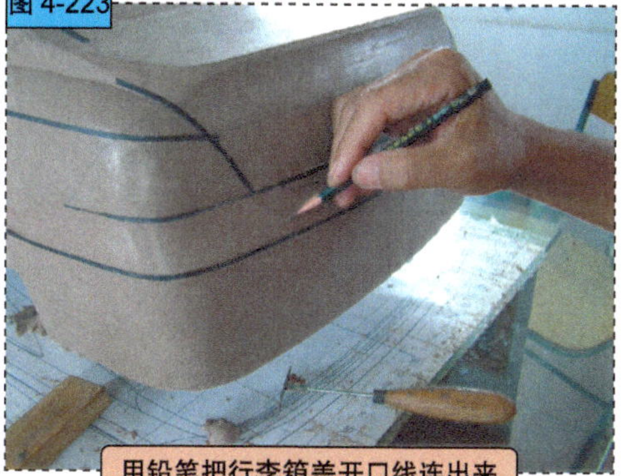

用铅笔把行李箱盖开口线连出来

图 4-224

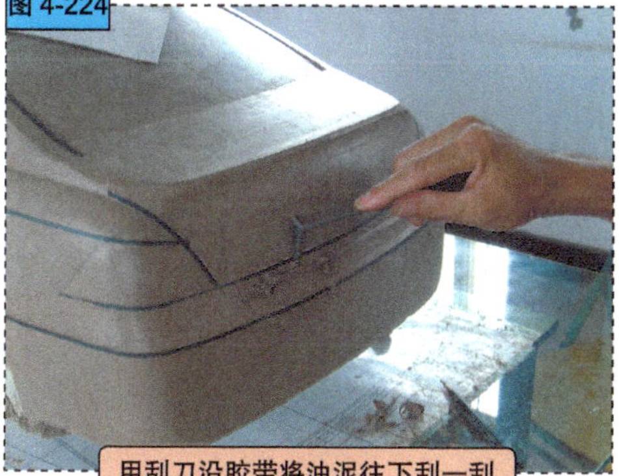

用刮刀沿胶带将油泥往下刮一刮

图 4-225

沿画好的线贴出胶带并注意贴线的位置

（8）贴好胶带后用三角油泥刮刀或精细刮刀，把行李箱底边线刮出来，这也是一般设计师惯用的设计方法(图 4-226)。

（9）做好保险杠上边后，再来做保险杠底边。根据侧视图及主、后视图，综合考虑把前后保险杠底边的高度定下来，用高度尺按照坐标线把高度复制到模型上，用胶带把复制的高度点贴出来。贴好胶带以后，要仔细检查看看底边经过转角后是否过渡光顺，如果有不协调的地方，一定要进行调整（图 4-227、图 4-228）。

图 4-226

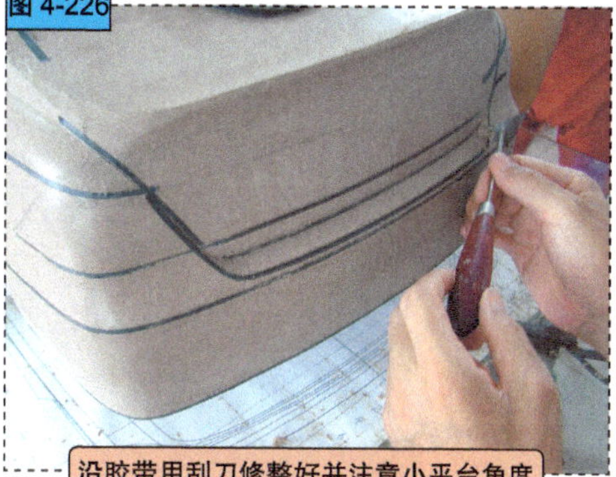

沿胶带用刮刀修整好并注意小平台角度

（10）调整好胶带以后，要进行刮削，前后保险杠在刮削中一定要把底边刮削平整（图 4-229）。

（11）刮削好底边以后，把需要造型的部位全部贴出线来，按照图样把各部位造型做出来。检查保险杠和整体造型配合是否适当，如果需要修改，也可以让设计师拿出修改意见，来共同完成保险杠最后的定型工作（图 4-230~ 图 4-232）。

图 4-227

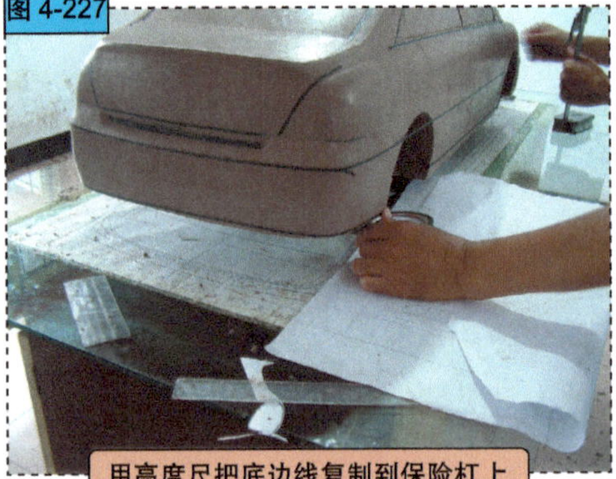

用高度尺把底边线复制到保险杠上

图 4-228

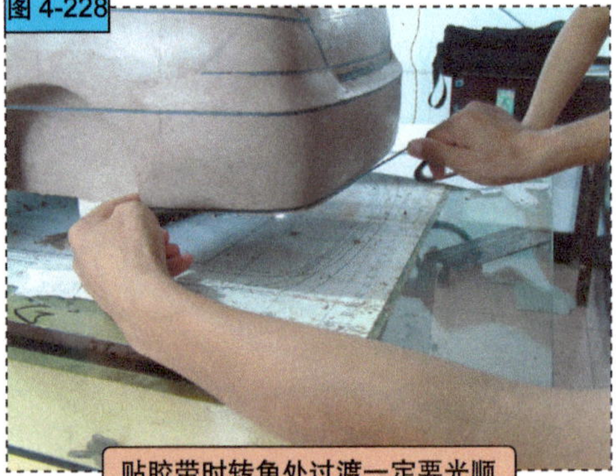

贴胶带时转角处过渡一定要光顺

图 4-229

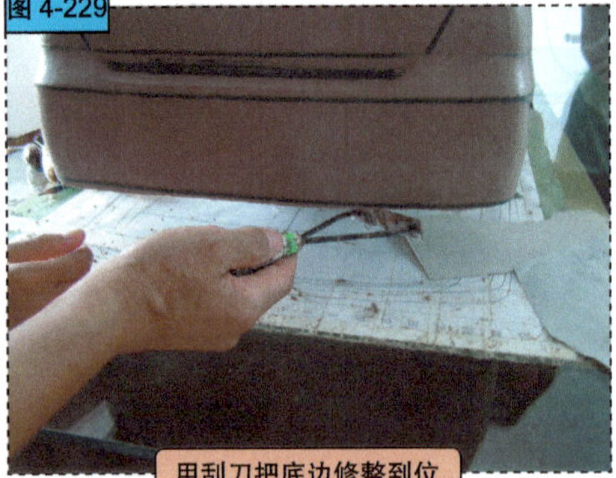

用刮刀把底边修整到位

图 4-230

按三视图的数据把需要造型的部位贴出来

图 4-231

选择合适工具按要求制作

图 4-232

保险杠上的造型要精心制作

（12）定型以后，可以用薄刮片修整一下保险杠，使保险杠为光顺弧面（图 4-233、图 4-234）。

图 4-233

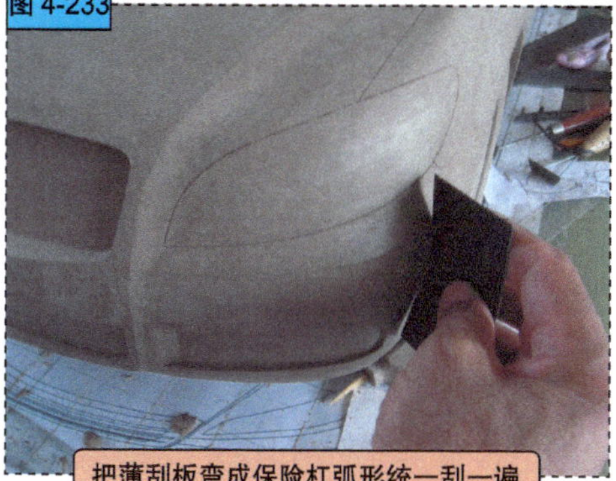

把薄刮板弯成保险杠弧形统一刮一遍

图 4-234

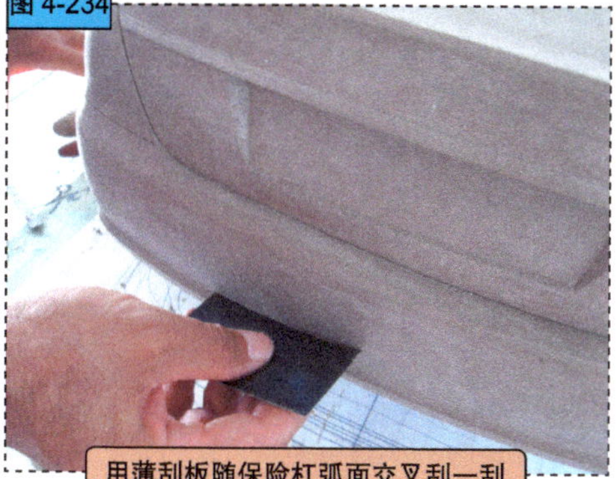

用薄刮板随保险杠弧面交叉刮一刮

第十节　轮口及轮罩的制作

制作轮罩的步骤如下：

（1）制作轮罩离不开三个样板：轮口样板、轮眉样板和轮罩轮廓样板。前两张样板制作比较简单，制作时按照侧视图数据制作就可以了。第三张样板制作起来比较难，在制作前先进行分析（因为三视图是看不出来的），把后视图铺在平台上，把四号卡板按坐标线放到后视图上，拿铅笔把车身一边画在后视图上，这样就能知道制作轮廓样板的起点，按照这个数据就可以把轮罩外轮廓样板制作出来（图 4-235）。

图 4-235

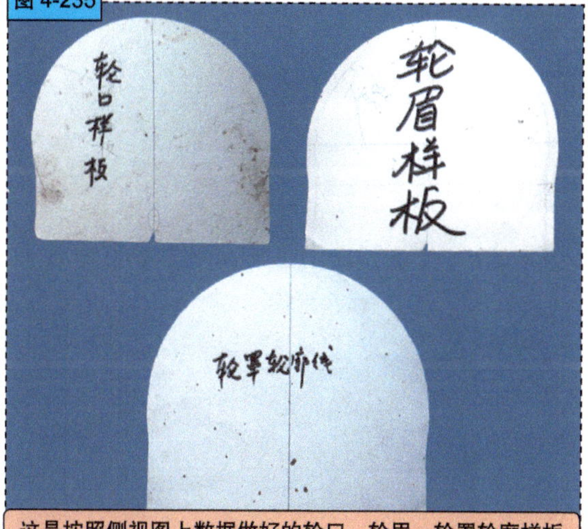

这是按照侧视图上数据做好的轮口、轮眉、轮罩轮廓样板

（2）先拿轮罩外轮廓样板按坐标放好，把样板靠在模型上，用铅笔把外轮廓

线画出来，拿胶带把轮廓线贴出来（图 4-236~ 图 4-238）。

图 4-236

按坐标放好轮廓样板用铅笔画上线

图 4-237
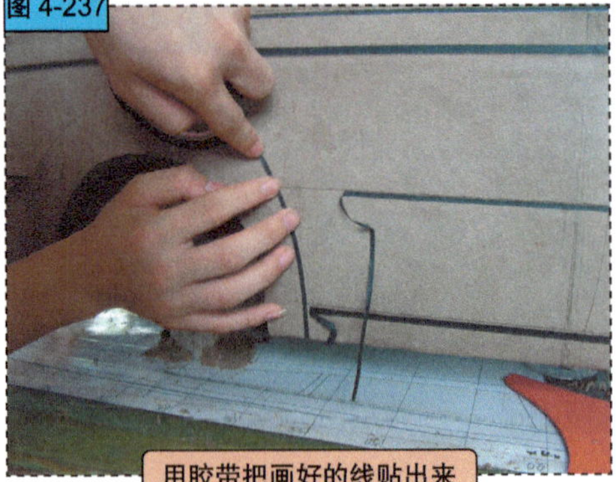
用胶带把画好的线贴出来

（3）把胶带贴好后，准备敷油泥。在敷油泥前要把模型面层处理一下，有两种方法，用带齿的刮刀把原来的光面刮粗糙，或用热风枪或吹风机把油泥吹一吹，温度提高之后把油泥敷上（图 4-239）。

图 4-238

检查胶带是否贴好

图 4-239
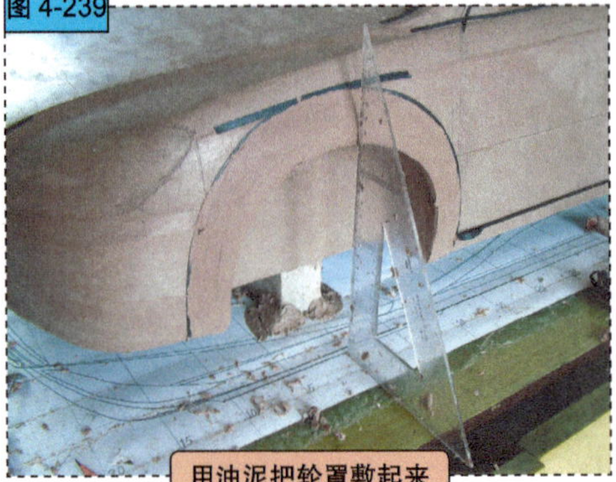
用油泥把轮罩敷起来

（4）敷好油泥以后用带齿的直角刮刀，把油泥刮出一个平面来（图 4-240）。

（5）在用直角刮刀刮削时用三角尺按照俯视图轮罩线测一测，检查是否刮削到位（图 4-241）。

（6）轮罩基本刮削到位后，改用长刮板进行刮削。刮板的长度最好能探到前后轮罩上去，因为前后轮眉上边的小平面是顺直的，用长刮板自然能验证这一点。前后轮罩也是非常难制作的部位。前轮罩前面应按照主视图轮罩线制作，后轮罩后面按照后视图轮罩线制作；前后轮罩中间

图 4-240

用直角刮刀刮出一个平面

按照上半部慢慢过渡到门槛梁上。在轮罩定型后让设计师共同检查一下，提出修改意见，再进行修整（图 4-242）。

（7）轮罩定型后，拿轮口样板按坐标放好，把样板靠在轮罩上，用削尖的铅笔沿样板画出轮口线，再把轮眉线也画出来（图 4-243、图 4-244）。

图 4-241

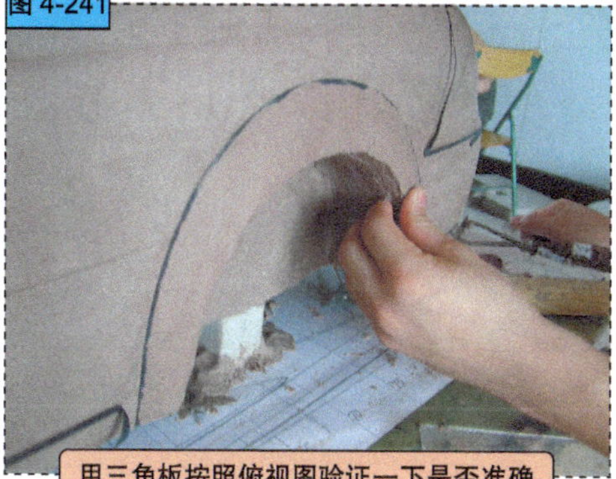

用三角板按照俯视图验证一下是否准确

图 4-242

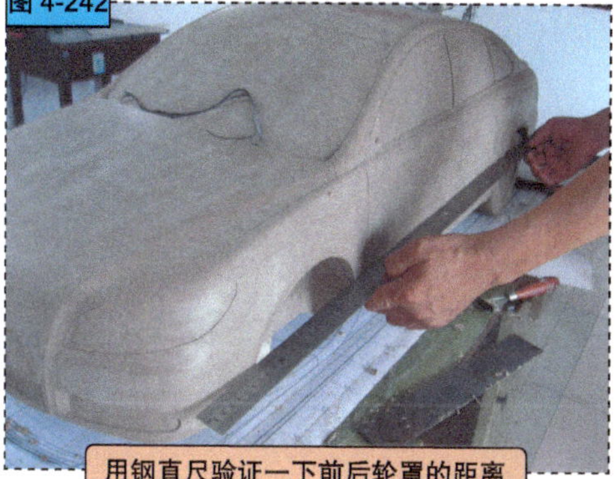

用钢直尺验证一下前后轮罩的距离

图 4-243

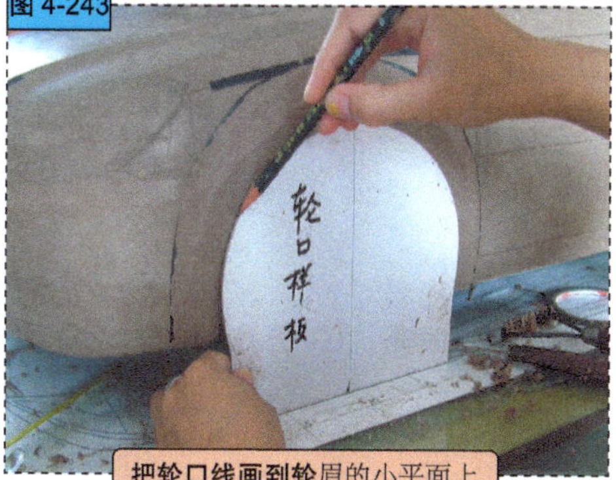

把轮口线画到轮眉的小平面上

图 4-244

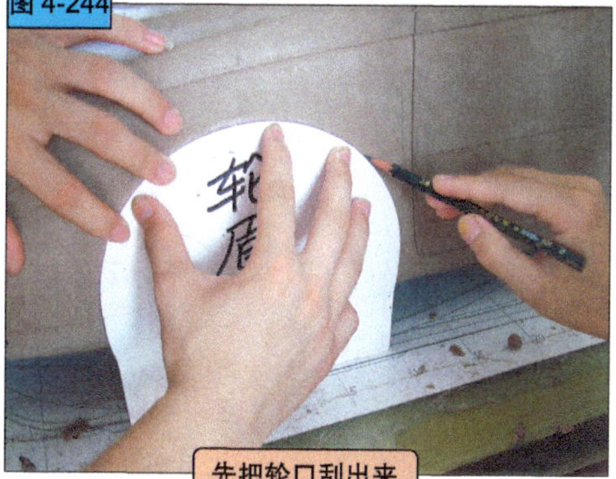

先把轮口刮出来

（8）轮口轮眉线画好后，先将轮口刮出来。如果油泥敷得比较多，也可以用带齿的工具先进行刮削，然后用精细刮刀修整，在修整时一定按照轮口线进行，保证轮口的圆顺性。轮口做好后，把轮眉线用胶带贴出来，用精细刮刀进行刮削。在刮削弧面时一定要过渡自然。为了把 4 个轮罩做好，前后轮罩可以各做一张弧面样板用来控制一下，不过这样的样板也只能在固定的坐标线上使用（图 4-245、图 4-246）。

图 4-245

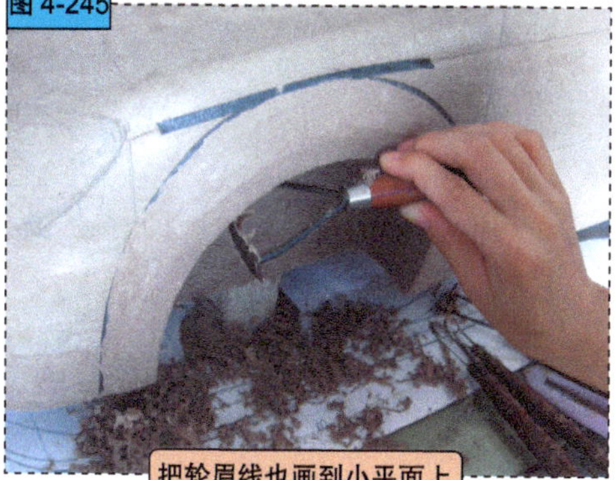

把轮眉线也画到小平面上

（9）轮罩弧面刮好后，用长刮板靠在轮罩上，看看轮眉的两个小面是否在一条线上，如果不在一条线上可以用刮板轻轻地整修一下（图 4-247）。

图 4-246
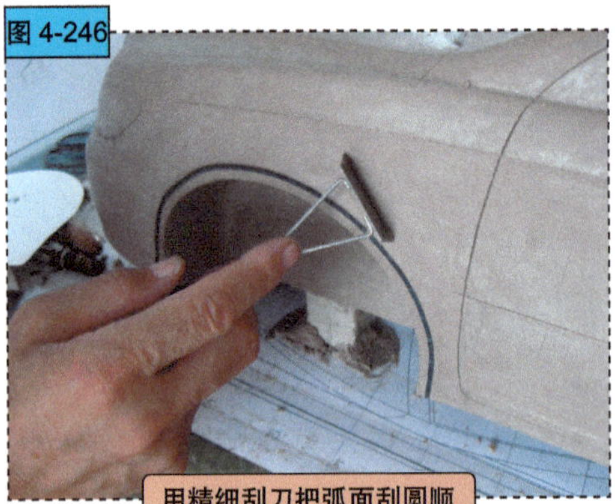
用精细刮刀把弧面刮圆顺

图 4-247

用长刮板靠一靠看看轮眉的平面是否在一条线上

（10）整修后的轮眉线难免有的地方不够圆顺，用精细刮刀修整一下即可（图 4-248）。

（11）修整好轮罩以后把车轮按坐标线放好再看两侧轮罩姿态（图 4-249）。因三视图不能完全把两侧轮罩表达出来，所以在制作完毕后，也要进行目测审查。轮罩在设计中非常重要，它是根据车身整体姿态设计出来的，所以在审查时要注意，轮罩与车身的协调是非常重要的，如有不协调的地方，造型师也可以向设计师提出来，进行再次修整。这也是设计师和造型师共同完成项目不可缺少的环节。

图 4-248
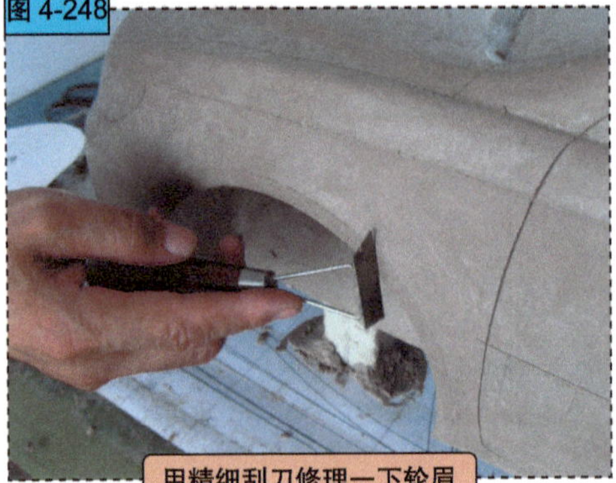
用精细刮刀修理一下轮眉

图 4-249

放上轮子看一下轮罩是否合适

第十一节　模型勾缝的方法

模型勾缝也是考验造型师能力的一项工作，根据作者多年工作经验，勾一条缝有可能勾好，勾同样的一条对称缝可能就觉得不好办了。有一个办法供参考，那就是做出样板来，依靠样板就有把握勾出同样的一条对称缝来。

一、怎样勾风窗玻璃上边的缝

先介绍前后风窗玻璃上边缝的几次制作过程。把前后风窗玻璃需要的坐标点复制到模型上，把做好的样板按中线放到模型上，用铅笔画好线，贴好胶带。贴好胶带后要进行检查，第一看胶带贴得是否光顺；第二看风窗玻璃两边胶带贴得在不在控制点上；第三从正前方或正后方，看胶带的弧形与车顶弧形的匹配情况。检查无误后开始刮缝，用三角油泥刮刀沿胶带轻轻刮三四次（深约 2~4mm）就可以了（图 4-250~ 图 4-255）。

图 4-250

把前风窗玻璃上边的控制点复制到模型上

图 4-251

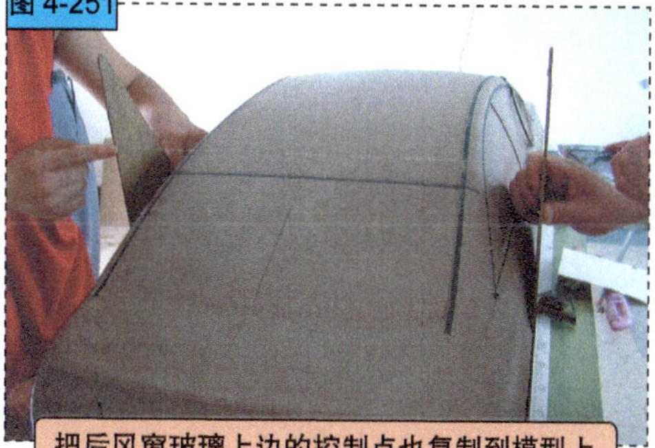

把后风窗玻璃上边的控制点也复制到模型上

图 4-252

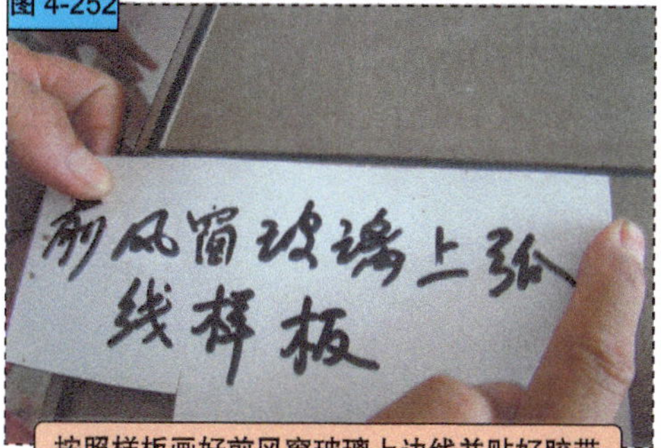

按照样板画好前风窗玻璃上边线并贴好胶带

图 4-253

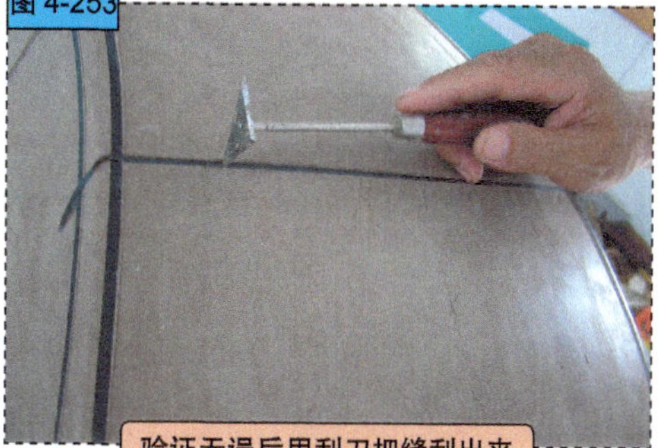

验证无误后用刮刀把缝刮出来

图 4-254

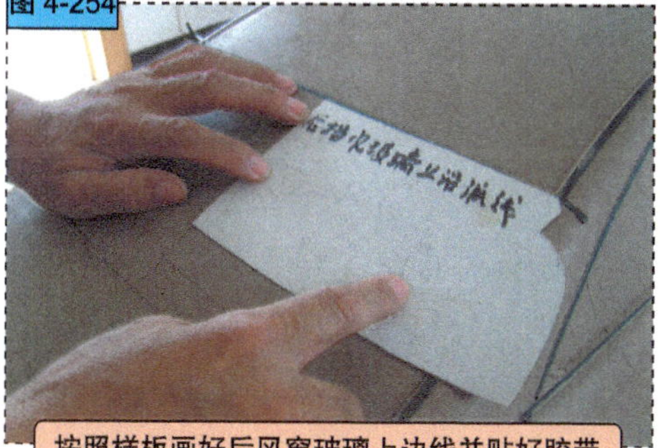

按照样板画好后风窗玻璃上边线并贴好胶带

图 4-255

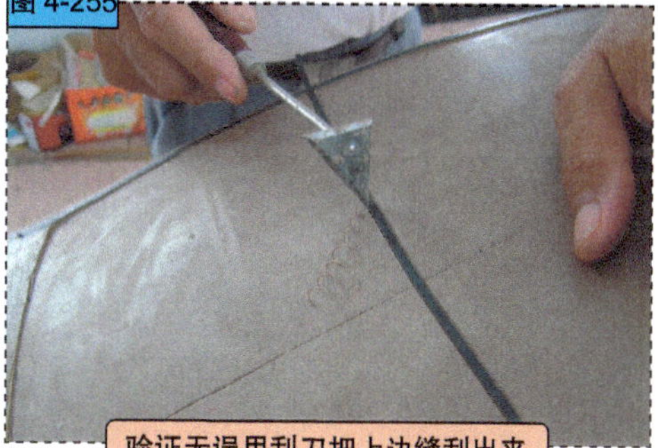

验证无误用刮刀把上边缝刮出来

二、怎样勾模型门缝

把侧视图门缝的数据复制到模型上，按照复制到模型上的点做好样板，按数据点把样板贴到模型上，沿样板用铅笔把前、中、后门缝线画到模型上。对照模型上的门缝线和侧视图上的门缝线，判断是否正确，如有差距则进行修改，如果没有差距则开始刮缝。刮缝也可以选择自己习惯使用的工具，也就是说可以用导槽刀，也可以用三角油泥刮刀，这里介绍的是用三角油泥刮刀勾缝的操作过程。把样板还原到模型上，用三角油泥刮刀沿样板刮三四次（约深 2~4mm）即可（图 4-256~图 4-263）。

图 4-256

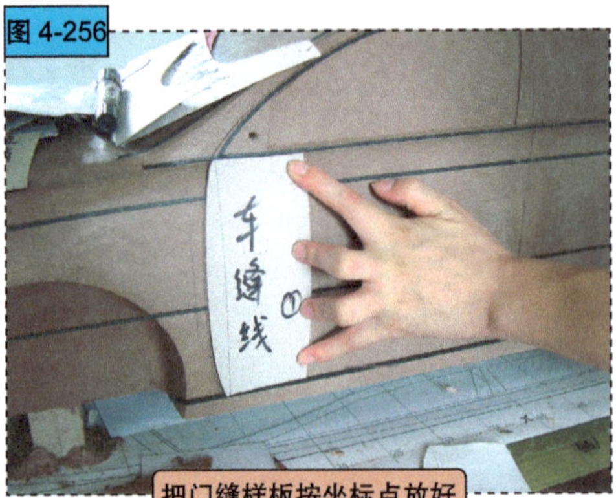

把门缝样板按坐标点放好

三、怎样勾前后车灯的缝

（1）前车灯勾缝的过程。按照三视图数据把前车灯移植到模型上，拿一块纸板按照模型上的数据点把纸板剪出来。为了方便制作，前灯可分成上下两块，用纸板剪出来之后，用样板锉把样板锉磨光顺，再把样板放回到模型上，用铅笔沿样板画出线来。把两边画好后，第一要检查灯的位置对不对，第二要检查模型上的车灯和视图上的车灯差距大不大，检查没有问题之后再勾缝（图 4-264~图 4-266）。

图 4-257

用铅笔把门缝线画到模型上

图 4-258

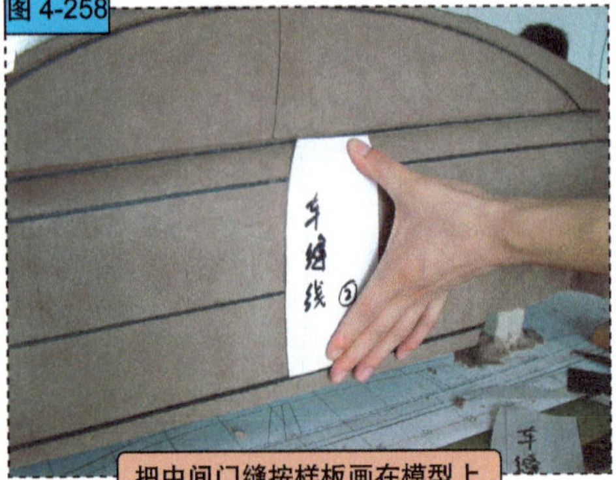

把中间门缝按样板画在模型上

图 4-259

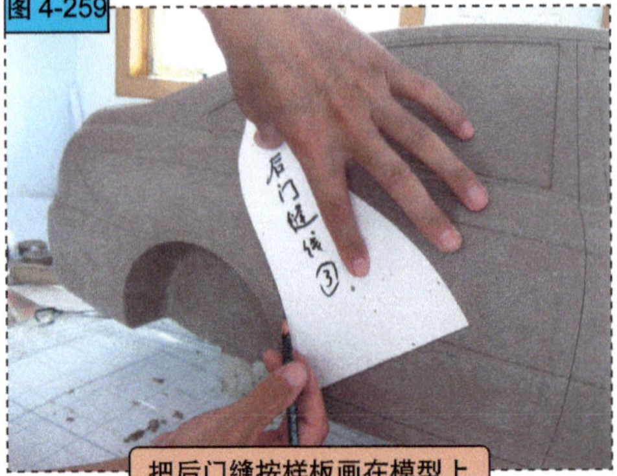

把后门缝按样板画在模型上

第四章

图 4-260

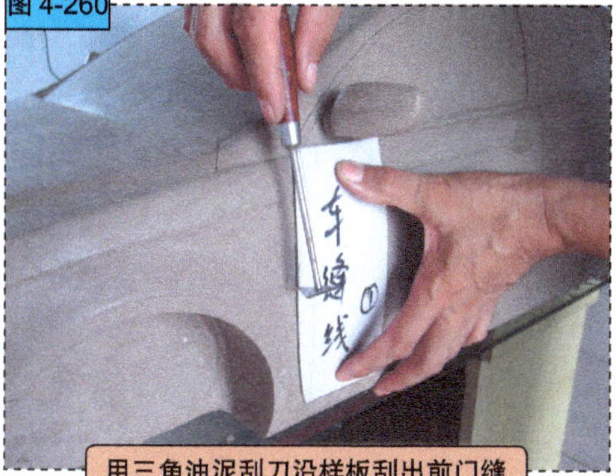

用三角油泥刮刀沿样板刮出前门缝

图 4-261

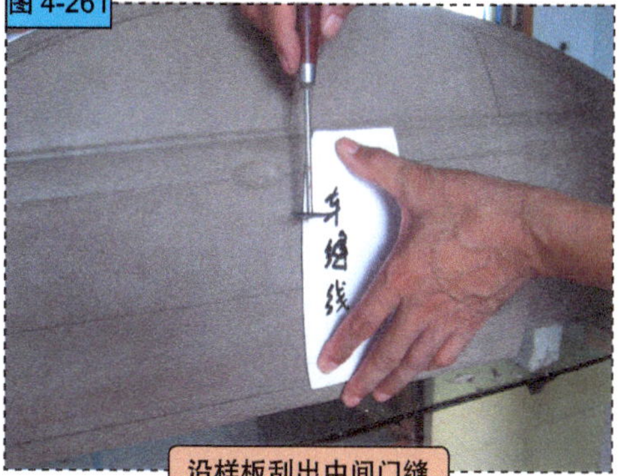

沿样板刮出中间门缝

图 4-262

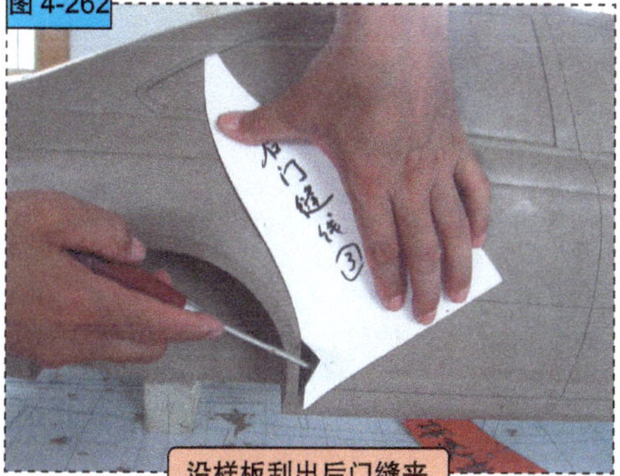

沿样板刮出后门缝来

图 4-263

这是刮好门缝的模型

（2）后车灯勾缝的过程。按照三视图数据把后车灯移植到模型上，拿一块纸板按照模型上的数据点把纸板剪出来，用样板锉把样板锉磨光顺，把样板放回到模型上，用铅笔沿样板画出线来，检查一下，如果没有问题再进行勾缝。后车灯主要是上边的一条线，下边一条是分缝线（图 4-267、图 4-268）。

图 4-264

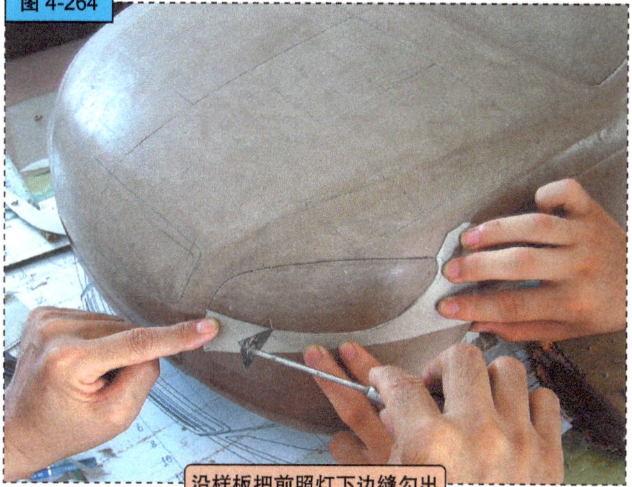

沿样板把前照灯下边缝勾出

图 4-265

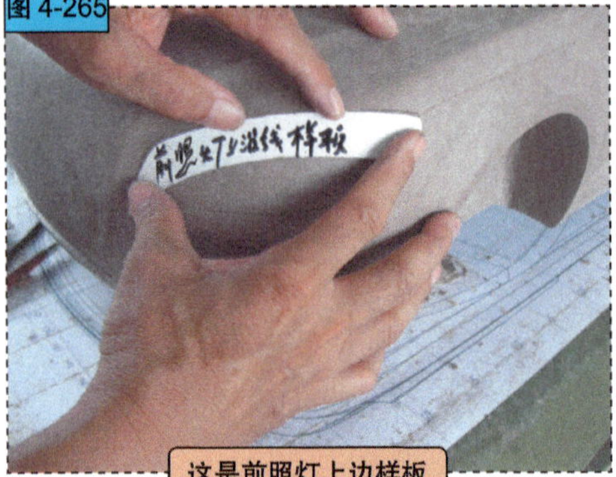

这是前照灯上边样板

图 4-266

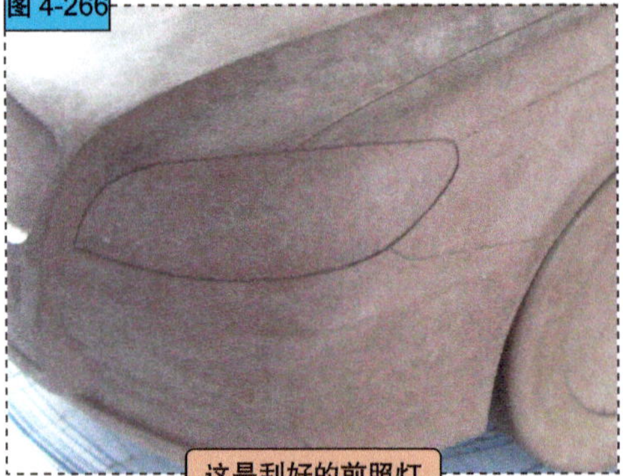

这是刮好的前照灯

图 4-267

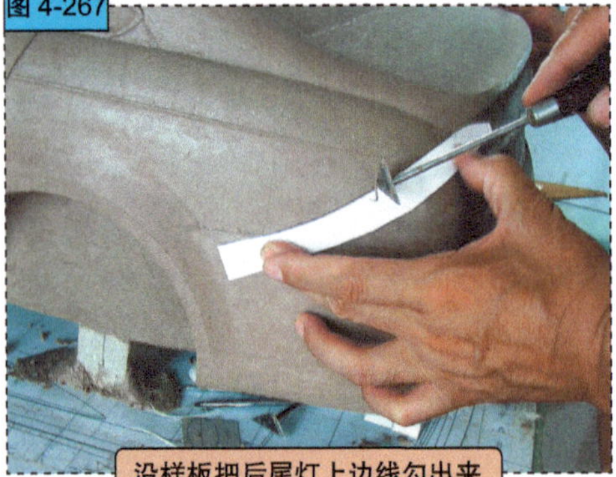

沿样板把后尾灯上边线勾出来

图 4-268

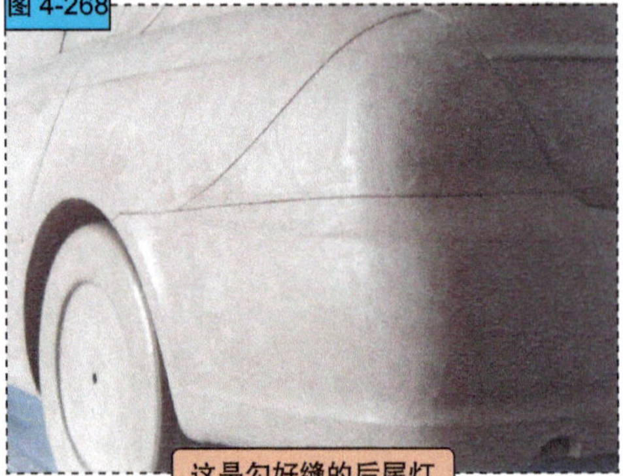

这是勾好缝的后尾灯

第十二节 模型倒角的方法

现代模型倒角不像 20 世纪六七十年代一样，那个年代车型方方正正，倒角是有规律可循的，做一个倒角工具，就万事大吉。现代车型追求的是流线形体，所以车型的每一个部位，因时代因素去创造美感。现代模型的倒角比较复杂，因为每一部位的倒角半径都在过渡。以本实例车型的 A 柱到 C 柱为例：A 柱也分三段，中间一段比较细，倒角半径比较小；下部比较粗，倒角半径肯定大；上半部有要过渡到顶边梁倒角的半径；从顶边梁到 C 柱底部倒角半径是越来越大。因此模型倒角也只能靠造型师高超的技术，在一条不同半径的棱角上，倒角过渡自然圆顺为止。

模型倒角步骤如下：

（1）对于模型如何倒角，作者在多年的实践中总结出一套工作方式，如图 4-269~ 图 4-274 所示。读者从中会得到一定启示。要把两边对称做好，可以按控制点做成样板，用样板比对来控制另一半。

图 4-269

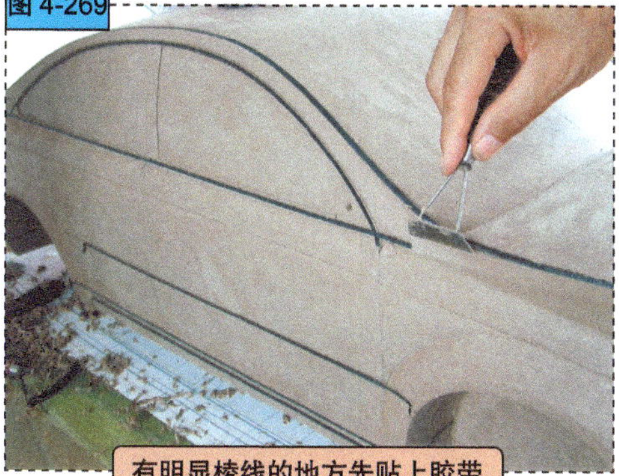

有明显棱线的地方先贴上胶带

图 4-270

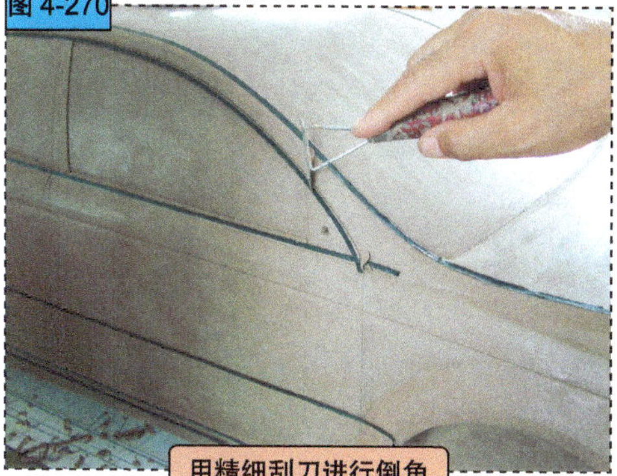

用精细刮刀进行倒角

图 4-271

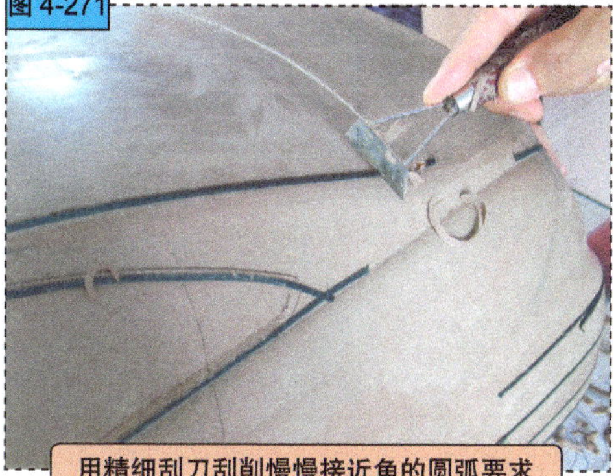

用精细刮刀刮削慢慢接近角的圆弧要求

图 4-272

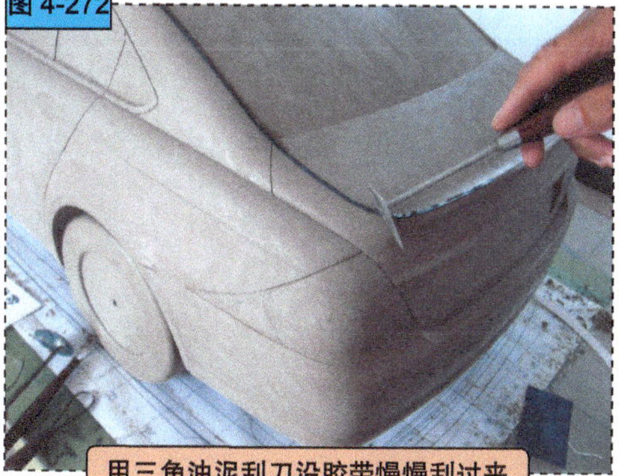

用三角油泥刮刀沿胶带慢慢刮过来

图 4-273

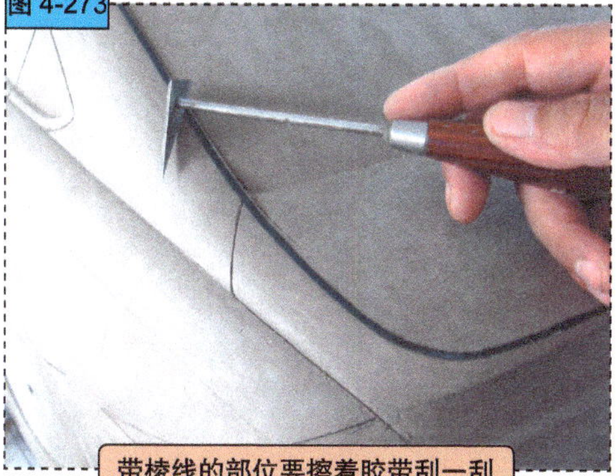

带棱线的部位要擦着胶带刮一刮

图 4-274

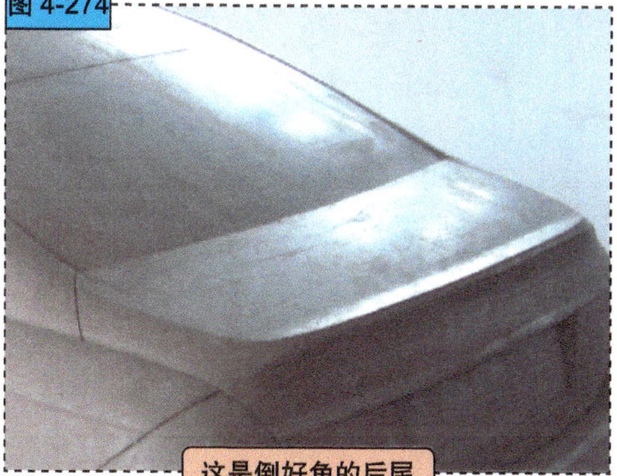

这是倒好角的后尾

（2）前翼子板上边角倒角情况。这条棱线是顺车身引到灯角的一条棱线，在倒角的环节中要把棱线倒掉，只有越过前门缝线以后，才慢慢过渡到灯角处（图 4-275）。

图 4-275

这是倒好翼子板角以后的整个模型

在 1 ： 4 模型的制作中前后保险杠的棱角，用精细刮刀稍微刮一下就可以了，不用制作专门的倒角工具去倒角，因为在比例模型上保险杠倒角半径非常小。

第十三节 模型最后一遍精修

君欲善其事，必先利其器。这句话说明了工具的重要性。在精刮前，先要修理各种工具，对精刮时要用的工具进行一次检查。首先要检查工具的刃口有没有豁口。检查的方法是，用指甲在刀刃上划一下，如果有豁口就能感觉出来。把有豁口的工具放在一边，等候着重处理。其次修磨各种工具的刃口。修磨的方法：找一块 150mm 宽、300mm 长的抛光花岗岩石板或抛光地砖，一定要检查一下是否平整。检查的方法是，用钢直尺测一下，应确保其平整；拿 800 号 ~1000 号的水砂纸，在温水里浸泡 5~6min 后，拿出平铺在平板上；用一手按住砂纸，另一手拿工具在砂纸上来回磨。刃口到底磨到什么程度算锋利？有两种认定方式：第一，目测把刃口对准亮光，如果刃口上有白的地方，证明刃口还不锋利；第二，用手指在刃口的各部位刮一下，如果感觉比较光，证明刃口还不锋利，需要继续磨。

有豁口的工具需要先用粗砂纸磨，用指甲检查一下，如没有碰指甲的感觉，再用细砂纸磨。

模型精刮步骤如下：

（1）如果模型还要喷漆处理，首先要把中间缝用油泥填上（图 4-276、图 4-277）。

（2）精刮时选用合适的工具也非常重要，大面积一定选用长刮板精刮，千万不要随便使用小工具精刮大面积的表面。在精刮时，主要是利用刮板锋利的刃口，造型师把适合不同模型弧面的刮板，在模型上轻轻地刮削，刮削好以后找一块直刮板，贴放到模型上，用手指按住两头，来检查模型曲面的平顺性（图 4-278~ 图 4-280）。

图 4-276

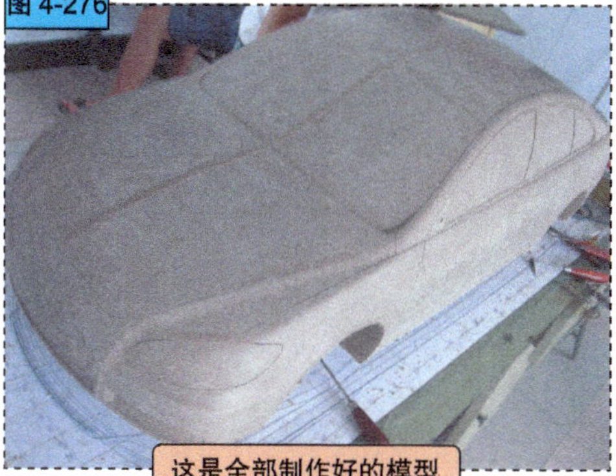

这是全部制作好的模型

图 4-277

把中间缝填上

图 4-278

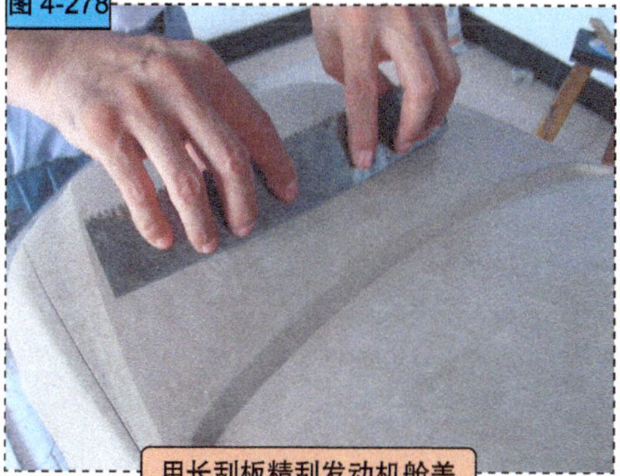

用长刮板精刮发动机舱盖

图 4-279

用长刮板精刮后风窗玻璃

（3）精刮完模型后，为避免模型上的缝出现毛边现象，需要用修缝刀修整一下各种缝。修缝刀的制作方法是，找一块 20mm 宽、1mm 厚的钢板，把它做成刀的形状，刀尖部分磨出刃口来，刃口不要磨锋利。磨刃口的目的主要是，刀尖比较薄，刀尖后边一点比较厚，在修缝时可根据缝的大小要求，使用修缝刀的不同部位（图 4-281）。

图 4-280

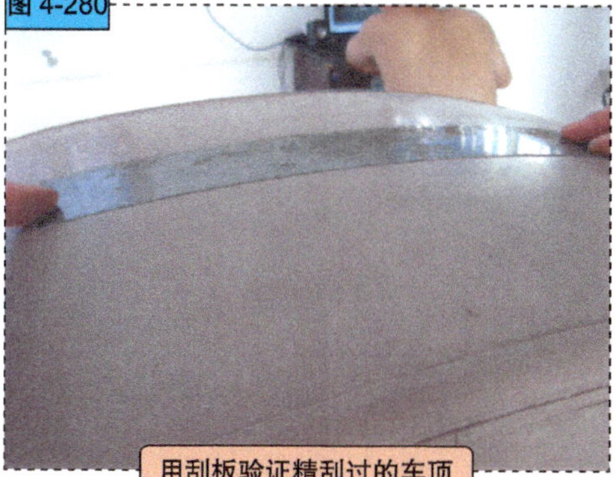

用刮板验证精刮过的车顶

图 4-281

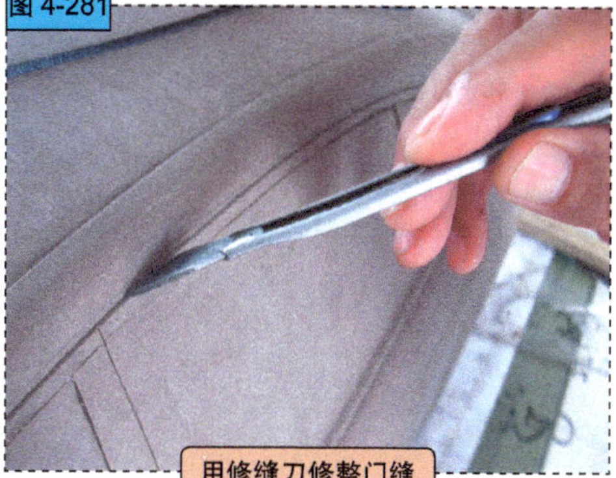

用修缝刀修整门缝

（4）刮模型带棱线的部位。别看棱线在模型上不起眼，这些线是设计师在设计时为了表达整体流畅使用的一种方式。所以在最后精刮时为了保证棱线的流畅性，要把每条棱线用胶带贴出来，经过精心调整审查后再进行精刮。拆掉胶带后，再用精细刮刀刮一刮胶带贴过的面层（图 4-282、图 4-283）。

图 4-282
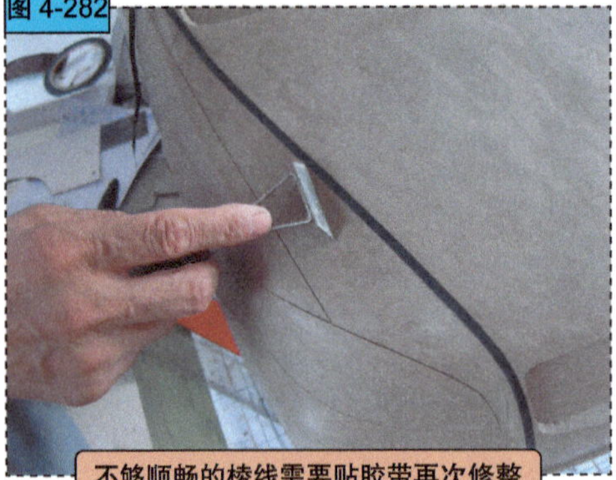
不够顺畅的棱线需要贴胶带再次修整

图 4-283
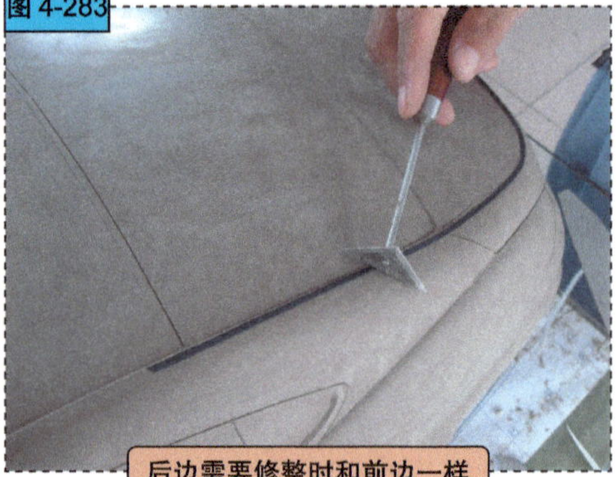
后边需要修整时和前边一样

（5）图 4-284~ 图 4-289 是精刮好的模型展示。

图 4-284

精刮过的模型侧面

图 4-285
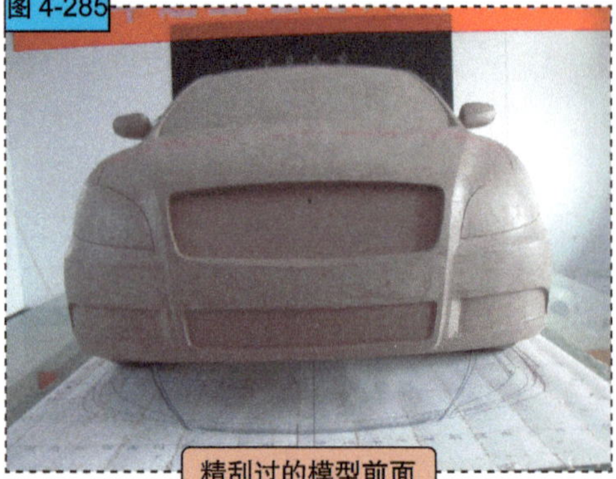
精刮过的模型前面

图 4-286

精刮过的模型前 45º~60º 可视面

图 4-287

精刮过的模型后 45º~60º 可视面

图 4-288

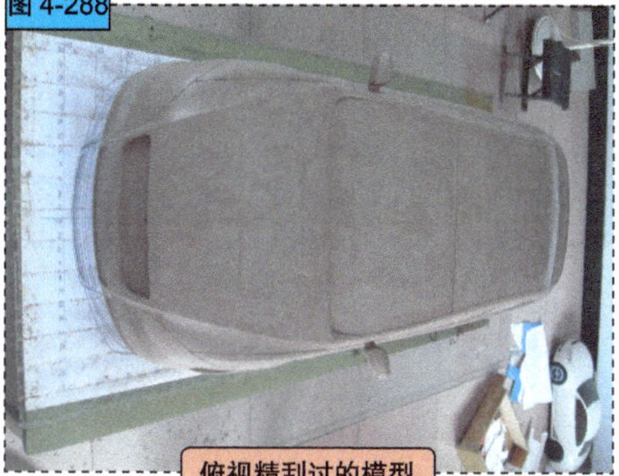

俯视精刮过的模型

图 4-289

精刮过的后尾

（6）图 4-290 和图 4-291 可供读者参考，这是作者在某研究院工作时精刮的面层。

图 4-290

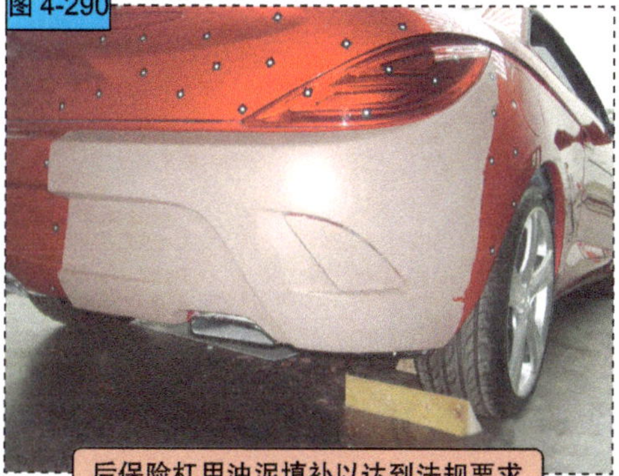

后保险杠用油泥填补以达到法规要求

图 4-291

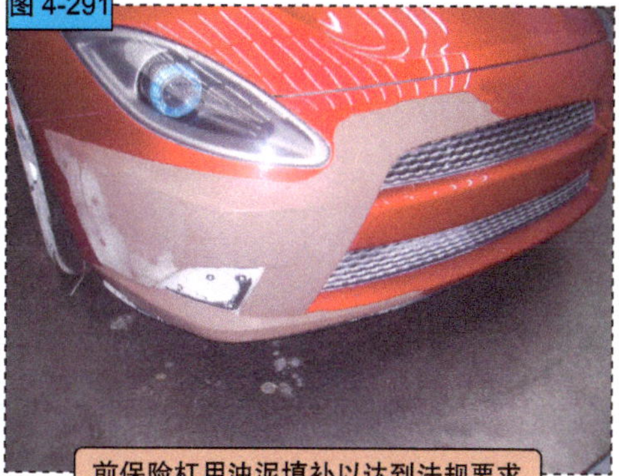

前保险杠用油泥填补以达到法规要求

第五章

配件制作、装饰及1：1模型制作

第一节　比例模型配件的制作

一、比例模型多种车轮的制作

（1）木车轮用车床或木旋床加工。在制作时要按照轮胎的详细尺寸制作，轮子正面要做出轮毂的位置，用亚光黑橡胶漆涂装，用打印机打出轮毂来，用剪刀剪掉多余部分，用双面胶把轮毂贴在轮子上，车轮就算做好了。

（2）如果用的是硬聚氨酯泡沫，也可以用木旋床来制作，做好的车轮不用敷腻子，直接涂装就可以。

（3）如果用的是松软的泡沫，可以做一个坯胎，四周敷上油泥，用刮刀按照轮子尺寸做出来，再涂装一下就可以了（图 5-1~ 图 5-5）。

图 5-1

做一个泡沫坯胎

图 5-2

敷好油泥后刮出一个平面

几种轮子做好后都需要在轮子下边做一个小平台，平台的大小可以根据侧视图来做。制作这一小平台时要进行检查，平面朝下放在平台上，用直角尺验证轮子的面与平台是否垂直，如果不垂直，要进行修整，且修到垂直为止。

图 5-3
用三角油泥刮刀按画好的线刮削

图 5-4
做一个模具把轮毂的部位做出来

模型车轮可以提前做好，在做轮罩时，把车轮按俯视图位置放好，还可以审视一下轮罩覆盖轮子的情况。

二、比例模型后视镜的制作

（1）木制后视镜的制作方法。一般选用比较软的木料，如红松、白松、段杨等。后视镜的长度尺寸以俯视图为准，宽度可以前后正视图为准，可按主、后视图和俯视图角度安装。

把后视镜的控制点复制到模型上，先修理一下做好的后视镜与接触车身的部分，然后将其安装到车身上，看看各种角度是否合适，两者接触部分是否严密。检查好以后，用手电钻在后视镜的根部钻一个孔，找一根和孔大小相同的铁丝，将铁丝砸成扁平，把铁丝先安进后视镜中，再找准铁丝复制在模型上的位置插到模型里。

（2）用油泥制作后视镜。找两根竹签，把竹签长度裁成后视镜长度的 1.5 倍，把竹签一端做成扁平状，把另一端削尖，安装时使尖头插到模型里（图 5-6~ 图 5-10）。

图 5-5
这是做好的轮子

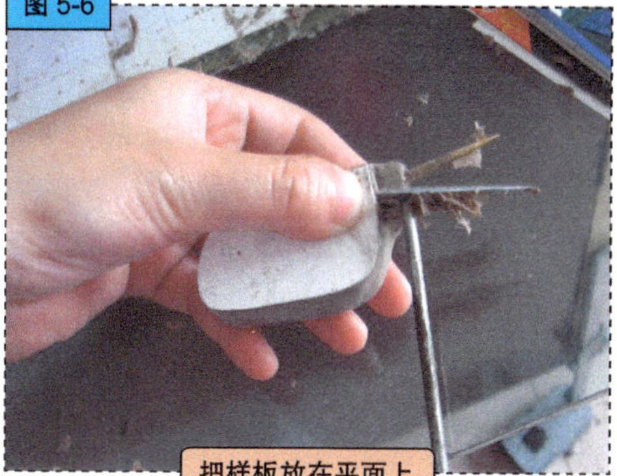
图 5-6
把样板放在平面上

图 5-7

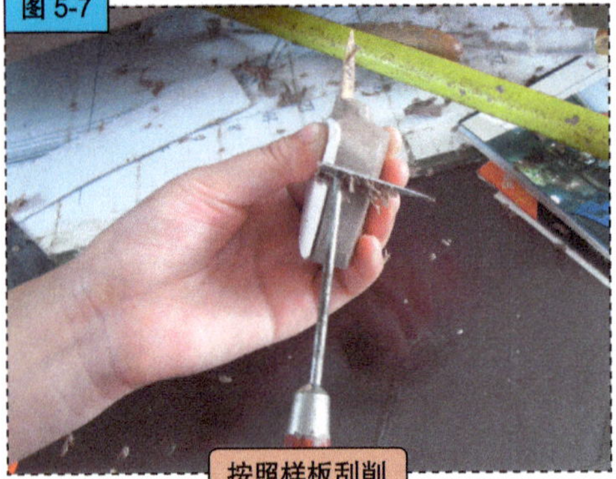

按照样板刮削

图 5-8

做好背面的造型对称

图 5-9

已经做好的后视镜

图 5-10

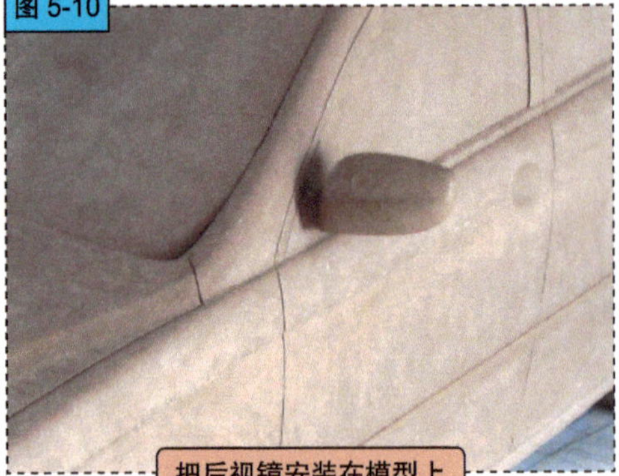

把后视镜安装在模型上

三、门拉手的制作

图 5-11

裁四根木料

在比例模型的制作中，门拉手的制作也是必不可少的,用油泥制作困难比较大。因为拉手个体比较小，在制作过程中手的温度会影响油泥，使油泥变软，影响制作效果。所以在比例模型制作中，小配件一般改用木材制作。

（1）找一根木条，最好用红松、白松或段杨木，因为这三种木材质地松软、纹理细腻，容易制作。把木条制作成拉手需要的规格，按拉手的长短裁成四节（图 5-11）。

（2）把四节木材按照拉手的数据，做成四个相同的拉手，制作完成以后，用 120 号的木砂布打磨光滑（图 5-12）。

（3）根据需要用油漆涂装拉手，干燥后用胶直接安装到模型上即可。

图 5-12

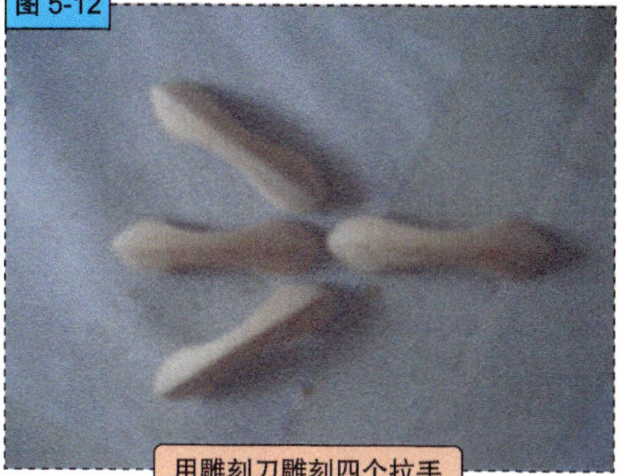

用雕刻刀雕刻四个拉手

四、怎样制作格栅

（1）做格栅的木材和做拉手的木材一样。按照模型上的格栅口，用木材先做一个框子，框子的四周一定要和模型吻合。由于格栅木条的厚度只有 1.5mm 左右，所以要专业木工来制作（图 5-13、图 5-14）。

图 5-13

裁四根木料

（2）在安装木条时，先将木框两边的木条位置分好，再开始安装。木条的弧度是由样板决定的，这个样板的弧度是在挖格栅洞口前，按照模型上的中心弧度制作出来的（图 5-15）。

图 5-14

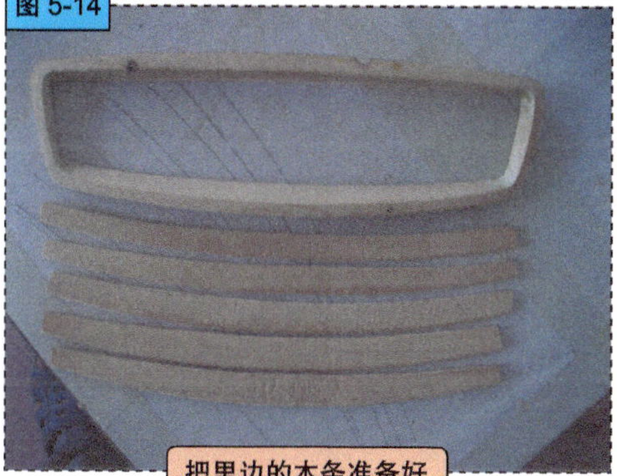

把里边的木条准备好

图 5-15

格栅的弧面样板是从模型上复制下来的

（3）安装完木条以后，要进行检查，格栅的两边木条比较均匀，中间的木条有点不太均匀，可以在格栅的背面用纸板块撑一撑，前面看着均匀即可（图 5-16）。

（4）做好以后先试装一下，如果没有问题，再打磨补腻子，用选好颜色的油漆涂装一下，即可（图 5-17）。

图 5-16

已经装好的格栅

图 5-17

装在模型上的格栅

第二节　怎样装饰模型

一、贴膜与涂装

（1）贴膜装饰是 20 世纪七八十年代发明出来的。汽车设计者们为了在汽车开发中节约时间，发明了一种油泥模型外表贴膜，相当于油漆面层。在油泥模精刮以后，在最短时间内把模型装饰好，人们就会使用贴膜。贴膜的优点：①节省时间，②环保卫生，③有利油泥的回收；其缺点：①模型的细节处难以处理，②光亮度不及油漆面层，③价格比较昂贵。

（2）油漆涂装是一道非常严格复杂的工序，一般由专业人员操作，但是在我国这样的专业人员也非常少，所以一般由汽车修理人员代劳。其优点：①漆面能和真车漆面相媲美，②价格比较便宜；其缺点：①工序耗用时间长，②污染环境，③不利于油泥回收。模型涂装一般采用浅颜色油漆（图 5-18）。

（3）调配一点茶色油漆，把前后风窗玻璃及车窗部位喷出来，主要仿照车上的茶色玻璃，这样看起来比较真实（图 5-19）。

图 5-18

喷好面漆的模型

图 5-19

左右玻璃喷成深茶色的模型

最好有专用的车窗贴膜，如果没有专用的贴膜，其他贴膜也可以。如果没有合适的颜色，可以用油漆调成自己需要的颜色，把色漆喷到贴膜上，等干燥后，把前后风窗玻璃及两侧玻璃窗贴上即可。这样的装饰方法比喷漆省去很多麻烦。

（4）图 5-20、图 5-21 这两张照片是作者在某研究院工作时，用不同颜色的喷漆贴膜装饰出来的模型后尾灯。

图 5-20

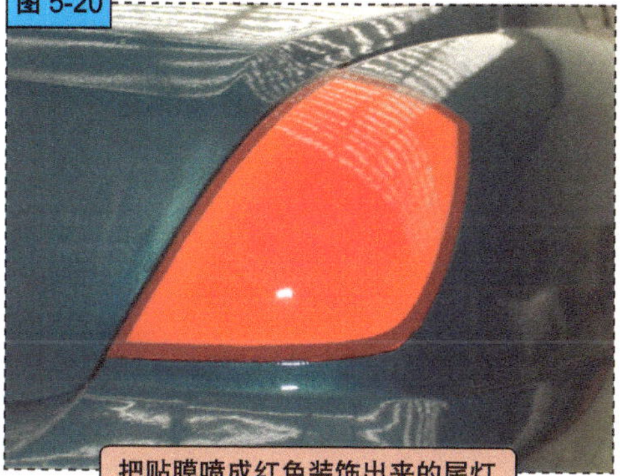

把贴膜喷成红色装饰出来的尾灯

图 5-21

装饰的尾灯使用了两种颜色

二、配件装饰与安装

模型涂装完成之后，可以进行配件安装，有一部分配件装饰好以后按照原来位置恢复到模型上，如格栅、后视镜、门拉手等；还有一部分直接在模型上装饰，如下进风口、雾灯、车身各部位的装饰条及轮毂等（图 5-22、图 5-23）。

车轮的摆放也很有学问，千万不能乱摆乱放，比例模型也就是一部缩小的真车。在摆放轮子时，一定按照轴距、轮距来摆放，这样才能看出各方面的真实性。

图 5-22

用镀铬带装饰出来的格栅

图 5-23

用镀铬带装饰出来的装饰条

第三节　1 ∶ 1 油泥模型制作全过程

本节主要介绍1 ∶ 1油泥模型的制作过程。在这里没有更多的图片展现现场制作过程，一般到1 ∶ 1模型制作阶段，也就到了新车型开发的实质性阶段，各个单位的涉密工作都十分严格，不可能拍大量的图片，因此不能以图文并茂的形式展现给大家，只能将作者多年的工作经验总结成文字，需要大家去细心理解。1 ∶ 4比例模型的现场制作理论与1 ∶ 1模型制作及流程相差不多，不过1 ∶ 1模型在制作方面，有几项比比例模型更精确。下面讲述在1 ∶ 1模型制作时比例模型制作理论涉及不到的地方。

一、认识划线仪

（1）平台上的划线仪是由划线臂和电脑组成的，划线仪可以在X、Y、Z三个方向找到坐标点，所以也叫三坐标划线仪。三坐标划线仪的诞生给造型师带来了福音，它解除了造型师在造型时频繁的测量，让制作的模型数据更精准，在20世纪60年代还担负着油泥模型提取数据的工作。三坐标划线仪对世界汽车造型起到很大的促进作用。

（2）三坐标划线仪在使用前一定要做一次简单的验收，把划针固定在划臂的卡头上。在平台的一端把划针对准坐标线交叉点，Y方向最好是中间线，划针对准交叉点后固定划线臂，把仪表上的数字清零。仪表清零后把划线臂推至另一端，看划针是否还能对准交叉点，再让仪表打出数据单对照一下，看看是否准确。

（3）检查X方向。把划针对准交叉点后固定划线臂，把仪表上的数字清零，把划针从中间拉到一边对准交叉点，让仪表打出数据单对照一下，看看是否准确。

（4）检查Z方向。拿一个钢直尺，放在平台的一端，一定要放正钢直尺，让划针固定在钢直尺某一个数字上，把钢直尺和划线针挪到另一端对照，看看是否准确。

（5）如果检查出问题，要请专业人员进行修理。

三坐标划线仪在造型中使用非常方便，只要把平台上的零点定位后，让划针对准零点，把仪表清零，随便活动划线臂，需要的数据都可以在仪表上找到。因为汽车设计Z方向零点通常定在门槛梁下边，门槛梁离地面还有一段离地间隙，所以在Z方向零点定位时还得想点办法。可将一个专用磁力表座固定在平台上，在上面刻一个零点坐标线；也可以在模型的骨架上刻上零点坐标线。在制作时Z方向数据可以以零点坐标线为参照。

二、怎样制作1 ∶ 1骨架

在制作骨架前要进行设计，设计之前要先了解所准备的材料，了解材料之后再进行设计。此外还有一种方式就是先设计后选购材料。

（1）设计骨架的数据依据是三视图。设计骨架一般有两种方法，因为材料的不同，所以设计的方法也不同。第一种称精密骨架设计。骨架上边只铺两层板，一层是多层板，另一层是泡沫板。一般这种泡沫都是硬质泡沫，骨架一般用方钢管制作。多层板直接铆接在钢骨架上，用胶把泡沫贴在多层板上，也有把泡沫直接贴在钢骨架上的。

（2）第二种设计方法坯胎使用的是聚苯泡沫，密度较小，比较厚，所以设计的骨架比较小。做法和第一种一样，不过使用哪一种都可以，但是有一种工作，在制作时必须要注意，在设计前轴时，最好设计成能够转向的，骨架的四个顶柱设计成能拆卸的，这给模型移位带来很多方便。

（3）骨架制作时要严格按照设计尺寸进行，焊接要牢固，制作要规矩（图 5-24）。

（4）检查 Z 方向。主要检查三坐标平台面的平整，把划线针针尖对着台面的一个角，让针尖挨到台面上，把仪表上的数字清零；再把划线针移到平台中心，让针尖挨到台面上，检查仪表的数据是不是也是零；再把划线针移到另一个角，让针尖挨到台面上，检查仪表的数据是不是零。另一侧用同样的办法检查。如果仪表上全是零，就可以放心使用了，否则要找专业人员进行调整。

图 5-24

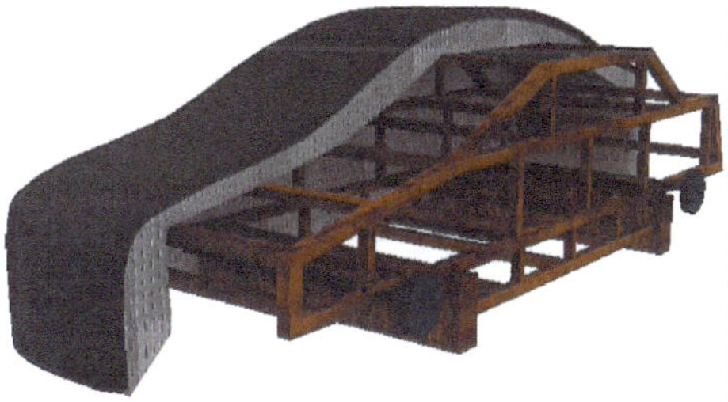

这是用方钢管做的骨架，聚氨酯泡沫做的坯胎

三、怎样制作坯胎

（1）在贴泡沫前，要进行骨架的检查，把骨架放在平台上，让骨架的中心对准平台上的中心线，把前轴的中心也放在一条坐标线上，检查左右的轴中心是否都在坐标线上，再检查后轴的位置是否正确，如果不合格一定要进行修理。

（2）按骨架间距裁好多层板，用拉铆枪把多层板固定到骨架上，然后把泡沫板贴在多层板上。在贴泡沫之前，要知道用的泡沫属于哪一类，检查用的胶对不对，了解胶的使用情况，只有掌握这些情况才能做好这道工序。

（3）在刮削坯胎之前，检查骨架的位置是否正确，把外轮廓样板按坐标线也固定到平台上。如果是人工制作，主要还是依靠样板，1 ∶ 1 坯胎比较大，没有样板的地方，要依靠三坐标划线仪打点来制作。1 ∶ 1 坯胎制作一定要把细部制作出来，所以大面积油泥厚度总的要求为 15~20mm。

如果用模型雕刻机制作那就好得多，只要把建模的数据输给雕刻机就可以了。

四、敷油泥的措施

外形坯胎做好之后，下一步进行敷油泥。第一步敷的油泥一般要求烤得要软一点，这样敷上去的油泥才能和坯胎结合在一起。1 ∶ 1 油泥模型用油泥量非常大，光靠手推可能会把手指烫伤，可以采取一些措施，如把油泥制作成片状，贴上去之后，用锤子砸实。不管用什么措施，敷的油泥每层之间一定要粘接牢固。可在敷油泥之前用热风机把底层吹一吹，使底层略有软化之后再敷上一层，这样就不会出现层与层之间粘接不好的问题。

五、做 1 ∶ 1 模型采取的几项措施

（1）在模型制作前，先把图样贴到图板上，在贴图样时一定注意把坐标线贴直，贴好以后检查车身曲线是否光顺，如果不够光顺，还要进行修整。修整的方法是，拿胶带把不够光顺的地方修整光顺。

（2）1 ∶ 1 模型不能做第一张卡板，其余三张车身卡板的做法与比例模型卡板做法相同。有几种样板是一定要做的：前样板要做到格栅以上；后样板要做到行李箱盖转角位置；发动机舱盖上边做一张样板；前后风窗玻璃各做一张样板，风窗玻璃的样板长度做到分缝线上边一点；车顶做一张样板。这几张样板做好后一定要和图样对照一下，看看是否吻合，如果有不吻合的地方，一定要进行修整。

（3）1 ∶ 1 模型与 1 ∶ 4 模型相比，虽说都是按数据制作，但 1 ∶ 1 模型在制作时更精确，在车窗玻璃的制作时更加要求一丝不苟，最好按照车窗玻璃做过随动试验的数据制作，像车窗上的镀铬条、密封条等，都需按照实样做出来。所以，1 ∶ 1 模型制作比 1 ∶ 4 模型制作要求更严格。

六、1 ∶ 1 模型勾缝的规定

（1）1 ∶ 1 模型的缝隙一定要按照设计要求制作，不像 1 ∶ 4 模型勾出缝来就行。在制作 1 ∶ 1 模型时，各种缝隙数据要求不同，所以制作前要和设计师沟通一下，了解清楚再进行制作。

（2）要求各种缝隙制作时还要依靠样板，因为用样板勾出的缝隙才能真正光顺。

七、用两种方法制作格栅

（1）1 ∶ 1 模型格栅的制作是一项要求非常严格的工作，格栅的图样要设计师另外设计，图样要有详细数据，细节处要设计师放大图样。

（2）做格栅有两种途径，一是由专业木工制作；二是由建模师建模，做快速成形件。

八、怎样制作后视镜

（1）制作后视镜时，依靠三视图上的数据还不够，最好找到经过试验的数据，包括后视镜镜面弧度的半径，都需要有确切的数据。

（2）不管是木工制作还是制作快速成形件，后视镜制作完以后，一定要在模型上试装，试装好以后还要请设计师或负责人来审定，如有不合适的地方再做修整。

九、怎样制作门拉手

门拉手可以用木材制作，也可以用代木，还可以用快速成形件。同样，门拉手安装好以后也要请设计师或负责人来审定。

十、装饰有两种途径

1 ∶ 1 模型完成后要进行装饰。

（1）贴膜装饰。前面也提到过，贴膜装出的车身面光亮度不及油漆。虽然不及油漆面亮度好，但是在进度上要快得多。

（2）油漆喷涂。这是一道既复杂又严格的工序，如果喷涂效果好的话能和真车媲美，这使模型增色不少，但是耗用时间长。

两种装饰各有利弊，如何选择最终要由负责人决定。

第六章

对我国汽车造型的展望

汽车造型就像人们的服装设计一样，紧紧跟随着时代的脚步，伴随人们的生活。在汽车百年的发展过程之中，汽车的造型成为汽车发展历史的见证，给人们留下了深刻的印象。

自 20 世纪 90 年代开始，世界经济进入高速发展阶段，我国也正值改革开放时期，经济蓬勃发展，汽车产业也已成为国民经济发展的支柱产业之一。汽车产业轰轰烈烈发展的背后，还有一道难以逾越的门槛——汽车造型。虽然政府出台了引进吸收的政策来解决类似的难题，但是引进得不少，吸收得不多。汽车工业的水平标志着一个国家的工业水平，汽车工业的发展很大程度上取决了汽车造型设计的水平。要想提高汽车造型设计的水平，还需政府出台一系列政策。大学本科没有汽车造型设计专业，那就像建筑学没有设计专业一样，要想提高我国汽车造型设计水平，一定要在大学设立专业来学习汽车造型设计，并改变以往教学的方式，只有让学生从最基础学起，才能把学生打造成未来的可用之才，不要把他们一下拉进高科技的软件中去，软件只是一种快速产生效益的工具。只要在汽车造型设计这一课题上不断努力，相信在不久的将来我国的汽车造型设计也会走在世界的前列。

第一节　20 世纪 90 年代对汽车造型设计的认识

1995 年我第一次进行汽车造型设计时，我国还是老三样占领着市场，再有也就是一款韩国车，还有德国的奥迪和帕萨特 B5。当时参考车型和参考资料都非常少，有很多困难要靠自己去解决，当我改型设计搞得焦头烂额的时候有朋友也劝我，中国人是搞不了这个的，搞汽车造型是外国人的专利。我当时在想，外国汽车工业已经发展到高科技时代，难道中国人照葫芦画瓢连一个车型都改不了吗？

图 6-1 这款仿真模型车就是基于桑塔纳底盘的改型车，当时的设计思想主要是，第一能把车改成功，第二从时代感上超越桑塔纳一点。在近一年的艰苦努力下，终于改型成功。

1997 年完成第一辆改型车后，我开始搜集关于汽车造型方面的资料，学习了一些汽车造型设计方面的知识，1998 年开始设计并且做了模型。1998 年底开始在第一次改型的车上进行第二次改型，1999 年 7 月完成（图 6-2）。

图 6-1

桑塔纳的改型车

图 6-2

第二次对桑塔纳的改型车

大家可以从两次改型车上看到车型在慢慢接近时代感，对比图 6-1 和图 6-2，大家可以找一些要点，加以简单评论，这也是锻炼自己对汽车造型的认知能力。

第二节　部分模型代表作造型设计理念浅谈

一、对桑塔纳 2000 轿车造型的看法

我对桑塔纳 2000 的第一印象是造型落后于时代，整体感觉硬且呆板，所以自己按照桑塔纳 2000 的底盘数据开始对桑塔纳 2000 进行造型改型的设计。在 2000 年以后参考车型比较多，参考资料也比较多，所以使设计的车型更容易接近时代感。假如桑塔纳 2000 改为图 6-3 上的造型，也许它的销售会比现在更好一些。大家可以用褒贬不同的词写出内心对不同车型的评语。

图 6-3

根据桑塔纳 2000 数据设计的汽车模型

第六章

二、针对红旗轿车的造型设计

红旗轿车的造型几经改型，国内对改型意见非常大。红旗轿车是我们的国车，作为中国人，有责任维护国车的荣誉，所以动手设计了此车，并制作成模型（图6-4）。做成模型以后从各个角度来评价车型，它作为一般普通车尚可，而作为红旗车缺少大气和沉稳。

图 6-4

2002 年设计了作者心中的红旗车模型

三、对富康轿车的造型设计

图 6-5 是一款两门四座车，是根据富康底盘数据设计并制作的模型。当时公认富康轿车各方面性能表现都不错，但销量一直不是很好。富康车在我国汽车市场的销售成绩一直不好，我个人认为有两个方面原因。第一，富康车作为两厢车进入我国市场，在当时的国情下让多数人接受两厢车比较困难；第二，富康车的造型一直注重风阻降低，使整体车型造型非常小气。

图 6-5

按照富康底盘数据设计了新品车

假如完全利用富康的底盘，将造型设计成图 6-5 所示，富康系列销售份额会增加多少？

造型理念：针对年轻人设计的车型，特别是年轻女性。

四、跑车的造型设计

图 6-6 和图 6-7 是 2004 年设计的一款跑车，也是作者第一次尝试跑车的设计，并且做了模型装饰，还给跑车起了一个名字叫“中国风”。

图 6-6

跑车模型前 45° 视图

图 6-7

跑车模型后 60° 视图

通过几年对汽车造型的认识，这次设计跑车也是想试一下自己的设计能力，设计跑车不像设计一般轿车，跑车的造型设计难点在于个性，在几次努力下跑车终于设计成功。

五、奇瑞汽车模型

图 6-8 和图 6-9 是作者 2004 年进入奇瑞工作期间的作品，模型数据是根据东方之子的数据设计出来的。这次设计一改以往设计手法，台肩线使用柔线设计的方法，没有使用直线或绷得很紧的弧线，大家可以从侧视图上看出来。

图 6-8

根据东方之子设计的汽车模型正视图

图 6-9

奇瑞前 45° 视图

不管使用什么样的线来设计汽车造型，还是要照顾到整体造型，不能因为线条使用的不同忽视了车的整体姿态和比例关系。车的整体姿态和比例协调才是第一位的。

第三节　遵守各种法规设计出来的汽车造型

（1）图 6-10。2006 年奇瑞从意大利运回来一款 1 ：1 汽车模型，用我当时的审美眼光看，模型一没有超前设计的思维，二没有什么特别出彩的地方，就是一款很普通的车子，作者就按照模型的具体数据设计了此车。

图 6-10

根据意大利汽车模型重新设计的模型

（2）图 6-11 和图 6-12。这是一款轴距只有 2m 多的小型车开发项目，总公司把总布置图下达到造型科，由造型科按照总布置来设计外形，外形要求简练大方，此车为二加二座，是针对三口之家而设计的。

图 6-11

根据总布置设计的小车模型

别看要求只有“简练大方”四个字，要想准确把握也非易事。

图 6-12

后视图

（3）图 6-13。作者在工作之余设计了这一款商务车。这款车的造型和 GL8 是同等车型，车的造型要比 GL8 更新颖、更霸气。

图 6-13

根据通用 GL8 设计的商务车

（4）图 6-14。这也是根据原厂车底盘数据设计的一款改型车，这样的面是经过激光扫描仪扫描出来的。这款车的造型主要突出在车前脸上。

（5）图 6-15~ 图 6-17。至 2004 年设计“中国风”跑车后，这是第二次设计跑车，设计时间为 2008 年。

图 6-14

根据原厂车的数据设计的改型车模型

图 6-15

第二次设计的跑车模型正侧视图

这款跑车的造型主要突出架式来增加动感，用最新的理念设计出前后车灯和格栅，后尾的分缝线没有遵从常规的设计理论，而是把后翼子板分缝线从后尾灯上边斜插在后轮罩上，用斜线来促成整体动感效果。

要想成为一名汽车造型大师，你需要不辞一切劳苦，才有可能换来今后的辉煌。

图 6-16

前 45° 视图

图 6-17

后 45° 视图